AF495264

LES COMBATS

DE

MÉNIL

SAINTE-BARBE

LE DÉPOT DE MERRAIN

LA CHIPOTTE

Du 25 Août au 5 Septembre 1914

COMMANDANT BEAUGIER
Ancien Combattant de la 43e D. I.
(3e B. C. P. — 149e R. I.)

En Reconnaissance à mes Chasseurs qui m'ont fait obtenir à la CHIPOTTE ma première Citation à l'Ordre de l'Armée.

Saint-Cyr, le 6 Janvier 1921.

Il est bien entendu que les pages qui vont suivre ne sont pas un récit officiel des combats de la CHIPOTTE, SAINTE-BARBE, MÉNIL. Il aurait été bien téméraire de ma part d'entreprendre sans documents officiels une pareille tâche.

Il convient de n'y voir qu'une narration bien sommaire des journées s'étendant du 25 août au 4 septembre 1914.

De plus, la forme est celle d'une conférence qui doit être dite et non celle d'une conférence qui doit être lue.

Une carte à petite échelle de la région RAMBERVILLERS - RAON-L'ETAPE est indispensable pour la compréhension du récit.

Commandant BEAUGIER.

Une partie de cette conférence a été faite le 23 Août 1920, au Col de la Chipotte devant les Officiers de complément de la 21e Région.

Conférence du Commandant BEAUGIER

Il y a dans l'existence de chacun de nous, des périodes difficiles, soit du fait des événements, soit parce que, inconsidérément, on s'est fourvoyé dans une situation qui paraît inextricable.

Lorsque le Commandement a demandé officiellement des Officiers qui avaient combattu à la CHIPOTTE, j'ai donné mon nom, mais lorsque quatre jours avant mon départ en permission de trente jours, on m'a averti qu'à ma rentrée je devais faire à la CHIPOTTE une conférence aux Officiers de Complément de la 21e Région, j'ai frémi en songeant à la tâche ardue que mes chefs me confiaient.

Une conférence sur les combats de la CHIPOTTE !! autant résoudre la quadrature du cercle. Pour faire une conférence, en effet, pour tirer un enseignement des combats de la CHIPOTTE, il faudrait avant tout avoir des documents. Or, il n'existe rien, ou plutôt ce qui peut exister est enfoui dans des archives déposées je ne sais où et il faudrait plusieurs mois de travail, peut-être plusieurs années, pour grouper et classer toutes les pièces permettant de bâtir quelque chose de logique et de vrai. Que pouvais-je raisonnablement faire en un mois ? Demander les historiques des nombreux corps ayant combattu dans ces bois, prendre connaissance des journaux de marche, chercher les directives du haut Commandement, parfait ! mais hélas ! les historiques des corps qui s'étendent complaisamment sur les événements de 1917 et 1918 sont d'une brièveté désespérante sur ceux de 1914 ; les journaux de marche sont non moins succincts. De plus, ces derniers sont d'une sécheresse navrante ; aucune vie, aucun mouvement, l'aridité du style officiel militaire.

Vous avouerais-je que j'y ai trouvé des inexactitudes stupéfiantes ? Une opération qui s'est déroulée de 5 heures à 9 heures est fixée officiellement dans tel ou tel journal en ma possession, de midi à 15 heures.

D'autres corps décalent même d'une journée la date d'un combat mémorable.

Les journaux de marche ont été bien souvent écrits après-coup ; ils ont été rédigés la plus part du temps dans ce cas, à la suite de palabres et surtout de conciliabules entre l'Officier-adjoint, le sergent ou l'adjudant, chef de bureau, le ou les secrétaires du Commandant ou du Colonel. On ne peut fixer l'histoire que, lorsque sur un combat, on a entre les mains une centaine de documents qu'on analyse, et que, en suivant les règles absolues de la logique, on procède par recoupements. On jalonne ensuite la base, on l'établit et on bâtit ! Je mets en garde les historiens futurs contre les historiques des corps ; ils ont été confectionnés trop à la hâte ; ils contiennent des erreurs qui pourraient se perpétuer dans l'histoire de la grande Guerre. Vraiment ce n'est pas le bon filon !! C'est tout simplement une source d'informations vagues, source facile, attrayante et inépuisable.

Les souvenirs des survivants ! hélas : ils sont bien peu nombreux et où sont-ils ? Puis les souvenirs de 1914 ont été étouffés par ceux de 1915, embués par ceux de 1916, presque effacés par ceux de fin 1917 et surtout de 1918. On ne vit pas impunément des années successives d'histoire !

Mais (il y a un mais comme en toute chose) heureusement pour moi, je suis assez porté à consigner mes impressions et lorsque j'ai été blessé en 1915 et que pendant de bien longs mois, j'ai été impotent, je me suis astreint chaque jour à raconter dans les plus petits détails l'histoire de ma compagnie de chasseurs pendant les 6 premiers mois de la Guerre, les plus intéressants à mon humble avis, ceux qui passeront plus tard, militairement parlant, les plus inaperçus. J'ai eu la grande chance de conserver tous mes papiers, toutes mes cartes, mes compte-rendus, mes horaires, mes carnets d'effectifs. Cela m'a permis de composer plusieurs cahiers de guerre !

Mon devoir consistait simplement à en vérifier l'exactitude.

Pour être juste, j'avoue que les nombreux documents qui m'ont été communiqués, si minimes soient-ils comme importance, m'ont énormément servi pour le collationnement de mes souvenirs personnels ; j'ai même redressé certaines erreurs.

Permettez-moi de remercier les corps qui ont répondu si aimablement à mon appel et qui ont ajouté sur ma demande, de nombreuses impressions personnelles d'anciens chefs et d'anciens combattants de la CHIPOTTE : le 6e Colonial, le 109e R. I., le 21e R. I., le 17e R. I., le 159e R. I. et bien d'autres !

Les Chasseurs, hélas ! n'avaient plus personne comptant à leur effectif et ayant combattu à la Chipotte ! Conséquence douloureuse de leur continuel sacrifice !!!...

....

Le 25 août, j'ai pris contact avec le Col de la CHIPOTTE. C'était par une journée d'été terriblement chaude, vers 14 ou 15 heures, je ne puis préciser davantage ; j'arrivais avec les débris de 3 compagnies du 3e B. C. P. en colonne par un avec une faible arrière-garde, par le ravin du ruisseau des Grandes-Faignes, directions Nord-Est-Sud-Ouest puis Sud. Nous étions les rescapés d'une terrible aventure qui nous était arrivée à Thiaville, ouest du Petit-Paris, dans la matinée : deux charges furieuses contre les régiments Badois 112e et 142e. Dans la compagnie 84 tués ou blessés, chiffre officiel, la plus forte perte subie pendant toute la guerre. En outre ma compagnie plus une section de la 6e compagnie du 3e B. C. P., avait fourni l'arrière-garde de la 43e D. I. depuis le 20 août, Abrestschwiller. Pendant 6 jours, pas une heure de repos, de tranquillité. C'est vous dire l'état de fatigue extrême dans lequel nous étions.

Nous avions vécu sur le pays, 2 compagnies m'avaient été adjointes comme renfort dans la matinée du 25, pour essayer de dégager des fractions du 109e fortement accrochées par les Allemands débouchant de Thiaville. Nous avions fait notre devoir mais ce que je ramenais dans la direction du Sud, sans aucun ordre, sans aucune indication de mes chefs, n'était plus une troupe : de pauvres êtres, les traits atrocements tirés, les lèvres serrées, les yeux caves. En arrivant au Col même, comme sur un signal, tous s'étaient abattus. Ils respiraient enfin, une très légère brise courait au ras du sol. Un Etat-Major se trouvait là: celui de la 13e D. I. Je m'avançais vers le Général et je lui rendis compte de la situation sur la route Thiaville- Sainte-Barbe. « Mon Général, je vous en prie ne restez « pas là sans protection. Les Allemands seront au Col dans la soirée, je « suis le dernier élément du C. A. qui ait pris le contact avec eux, j'étais « avec un de vos régiments, le 109e, il était en retraite déjà lorsque j'ai « quitté la maison forestière de Génimont. » — « C'est impossible », me fut-il répondu. Je rentrais dans certains détails qui parurent convaincre l'Etat-Major qui s'était rapproché. Je demandais le point approximatif où j'avais quelques chances de rencontrer des éléments de ma Division. — SAINT-BENOIT !

Au Col même, le 25 août, à 14 heures, aucune troupe au Nord du Col, pas de travaux de défense même ébauchés, une certaine indécision, semble-t-il, dans le Commandement, celui qui était à notre contact. Les unités du C. A. complètement mélangées sur cinq kilomètres carrés, néanmoins le Commandement de la 13e D. I. paraissait s'exercer sur l'axe RAON-L'ETAPE-LA CHIPOTTE, celui de la 43e D. I. sur l'axe THIAVILLE-SAINT-BENOIT.

Effectivement l'impression que je ressens de cette conversation très succincte avec l'Etat-Major de la 13e D. I. devait se confirmer tout au début de la période des combats de la CHIPOTTE. Néanmoins la dissociation des divisions se fit à nouveau très rapidement et la situation se compliqua de la présence d'une division Alpine arrivant en droite ligne de MULHOUSE — la 44e D. I. (Général de Vassard) et d'une brigade de Coloniaux 5e et 6e R. I. C. (Colonel Marchand) régiments qui ne nous avaient pas quittés depuis la bataille de SARREBOURG où ils formaient notre extrême droite. Ils étaient du reste extrêmement réduits, ayant souffert terriblement à WALSCHEID.

Bref, pour comprendre les combats de la CHIPOTTE, il est indispensable de faire une classification, sans tenir compte des commandements multiples qui s'y sont exercés, puisque personnellement j'ai reçu dans cette période des ordres de MM. les Généraux BOURDERIAT, BARBADE, de VASSARD, LANQUETOT et OLLERIS.

Nous étudierons donc *la Période Rouge* où les fantassins-alpins-vosgiens et parfois coloniaux ont joué le principal rôle, et ensuite *la Période Bleue* où les chasseurs et les coloniaux ont eu presque seuls à agir. La première comprend les 25 août au soir, 26, 27, 28 et 29 août. La deuxième les 30, 31 août, 1er, 2, 3, 4 septembre.

Ne croyez pas cependant que les combats de la CHIPOTTE se livrèrent dans un ordre parfait et que, par exemple, la Période Rouge ne vit jamais les chasseurs et la Période Bleue jamais de fantassins !!

La nécessité de relever les troupes trop diminuées ou trop harassées, la nécessité aussi de protéger les flancs des attaques, d'assurer la liaison avec le 14e C. A. (LA RAPPEE-SAINT-REMY, puis LA SALLE-LA BOURGONCE) et avec le 13e C. A. (SAINTE-BARBE-MENIL-, puis ANGLEMONT-DONCIERES) fit engager des unités prises le plus à proximité de la ligne de feu et suivant la rapidité avec laquelle elles pouvaient intervenir ; d'où encore léger mélange, mais enfin puisqu'il faut quitter l'étude des combats du Col avec une idée ou mieux une vue d'ensemble revenons-en à notre *Période Rouge* et à notre *Période Bleue*, ne cherchez plus à distinguer ce qu'ont fait la 13e D. I., la 43e D. I., la 44e D. I., la Brigade de Coloniaux, ceci est impossible, totalement impossible, ne voyez dans cette première partie de la conférence que l'action engagée jour par jour par des groupements constitués au début surtout par des fantassins et, à la fin, surtout par des chasseurs ; songez en plus que le Génie a été employé comme troupe d'attaque beaucoup plus que comme troupe de fortification passagère, que des compagnies du Génie ont chargé à la baïonnette inopinément, pour boucher un trou et ne me jugez pas trop pessimiste lorsque je vous disais, il y a un instant, que la tâche était bien ardue pour celui auquel incombait la mission de raconter, de décrire les combats de la CHIPOTTE.

....

Plan de la Conférence

Notre étude portera sur les points suivants :

A). — Situation physique et morale des combats de la CHIPOTTE aux environs du 25 août.

B). — Période Rouge.

C). — Période Bleue.

D). — Quelle idée pouvons-nous nous faire de ces combats au point de vue : conception du commandement ?

E). — Enseignement à en tirer pour des Officiers de troupe.

F). — Glorification, en communion parfaite avec vos cœurs d'anciens combattants, de tous ceux qui ont versé leur sang sur ce sol sacré !!

Mais avant toutes choses il faut que je dise : Le Capitaine de chasseurs de 1914 parlait et jugeait comme certains passages de cet exorde vous l'ont fait entrevoir et c'est ainsi, j'en suis certain, que ceux parmi vous, qui ont entendu parler de la CHIPOTTE et qui ont même participé aux combats de ce Col, parlaient et jugeaient. Je continuerai dans la première partie de la conférence à être le Capitaine de chasseurs, parce que la CHIPOTTE est l'action même et que l'acteur seul peut faire revivre le drame ; néanmoins lorsque je décomposerai le combat je tiendrai déjà un autre langage ; ce dédoublement de moi-même est indispensable pour amener la transition avec la deuxième partie. Dans celle-ci le Chef de Bataillon de 1920 parlera seul parce que après l'analyse faite ensemblé, après la décomposition jour par jour du combat, il ne restera plus qu'une étude raisonnée et bâtie sur des faits indiscutables. Le Capitaine acteur du drame et qui n'avait trop vu jusqu'ici (comme vous tous Messieurs) que son rôle dans le drame, ou si vous le préférez, dans un tout petit coin du drame, se taira. Et le Chef, l'Instructeur, qui a étudié, tirera l'enseignement et la conclusion de ces 11 jours de lutte sans exemple dans toute la Guerre.

....

A). — *Quelles sont les unités qui ont pris part aux combats de la CHIPOTTE-SAINTE-BARBE.*

1°. — 13e D. I. — 17e — 21e — 109e R. I.
17e — 20e — 21e B. C. P.
Une compagnie du Génie du 21e Régiment.

2°. — 43e D. I. — 149e — 158e R. I.
1er — 3e — 10e — 31e B. C. P.
Compagnie du Génie 21/2.

3°. — 44e D. I. — 97e — 157e — 159e — 163e R. I.
Une Compagnie du Génie.

4°. — Une Brigade coloniale — 5e et 6e R. I. C.

5°. — Quelques batteries des 12e et 62e R. A. C., plus des batteries pour la 44e D. I. (1er de montagne).

6°. — On signale en outre les 60e et 57e B. C. P., les 61e et 54e B. C. P. formant groupe ensemble et faisant le premier noyau de la 77e D. I.

Les 61e et 54e B. C. P. engagés plutôt vers le dépôt de Merrain et la Ferme de La Haye ; les 60e et 57e vers Noirinchatel et Barrémont presque toujours aux avant-postes ou en 2e ligne.

Ces Bataillons en somme étaient assez indépendants et n'étaient pas rattachés jusqu'au 10 septembre à une unité constituée.

....

....

Du côté allemand, face à la CHIPOTTE, se trouvait le XVe C. A. appuyé par la 28e Division de Réserve. A sa droite le XIVe Corps prendra part aussi à la bataille de la CHIPOTTE et notamment la 58e Brigade. Des fractions du 1er C. A. Bavarois parurent aussi sur le front de SAINTE-BARBE-NOSSANCOURT. Enfin vers le 6 septembre le XVe Corps de Réserve remplacera le XVe Corps Actif, diverses formations de réserve entreront aussi en ligne sur le front SAINT-DIE-BACCARAT.

Les troupes allemandes des Vosges formaient la VIIIe Armée sous les ordres du Colonel-Général von Hoeringen. Celui-ci avait été, jusqu'en 1913, Ministre de la Guerre et avait présidé aux premières réformes qui annonçaient la lutte de 1914. A la 7e Armée il avait pour Chef d'Etat-Major le Général-Lieutenant von Haenisch.

Le Commandant du XVe Corps était un des rares chefs allemands dont la France connaît le nom. Ancien Colonial, le Général von Deimling avait apporté dans l'affaire de Saverne, la morgue et la raideur prussiennes. Son quartier général était à RAON-L'ETAPE ; au XIVe Corps, le général Stenger, Commandant la fameuse 58e Brigade — 112e, 142e R. I.. C'est lui qui le 25 août au matin, dans la forêt de THIAVILLE, dicta l'ordre sauvage d'achever les blessés.

Les Bavarois du 1er Corps étaient sous les ordres du Général Xylander. La 28e Division de réserve (division Badoise) était commandée par le Général von Pabel, celui, dont les troupes avaient fusillé les Maires et les Curés des villages de la vallée de CELLES. Au XVe Corps manquait depuis peu de jours, un des Chefs, celui de la 85e Brigade (105e et 126e R. I.), il venait d'être nommé premier quartier-maître de la IIe Armée (von Bulow) ; c'était Ludendorff.

NOTA. — Toute cette partie qui a trait à l'Armée Allemande de la CHIPOTTE est tirée d'une brochure fort intéressante, parue fin août 1920, **Raon-l'Etape et l'Invasion**, de Monsieur Louis SADOUL, conseiller à la Cour de Nancy ; qu'il me permette ici de le remercier du très aimable concours qu'il a bien voulu m'apporter.

Pour comprendre le caractère des combats de la CHIPOTTE-SAINTE-BARBE, revivons par la pensée les premiers jours d'Août 1914. La couverture d'abord, les premières escarmouches presque toutes favorables à nos armes, quelques durs combats cependant au col de Sainte-Marie par exemple, puis la victoire de Saint-Blaise, l'entrée en Alsace, les cœurs débordants de joie patriotique, l'accueil plutôt triste des Alsaciens : « Mes pauvres amis, n'allez pas à Mutzig, ils sont trop nombreux et trop forts là-bas. » Les baisers envoyés de l'intérieur des demeures presque closes par les bonnes vieilles gens, ceux qui avaient connu 1870 ! — baisers qui nous mettaient des larmes au bord des cils. Puis la concentration terriblement fatigante pour la bataille de SARREBOURG.la bataille et l'incompréhension de ces deux journées des 19 et 20 août, où nous avions rencontré une barrière infranchissable, mais où nous n'avions pas été battus. Le spectacle douloureux de notre centre et de notre aile gauche, retraitant brusquement et avec une précipitation trop hâtive. La retraite à notre tour, angoissante au possible, le passage de la frontière qui détruit nos espérances. La terrible marche rétrograde au milieu des supplications des populations. « Pourquoi nous abandonnez-vous ? vous n'avez donc plus de cœur. » Les combats toujours très durs d'arrêt sur des positions mal connues. Le passage de la Meurthe. La stupeur de constater que l'on ne fait pas sauter les ponts. puis, sans aucune transition. la joie dans la matinée du 25, joie causée par l'annonce officielle d'un succès considérable remporté par de Castelnau. et la reprise de l'offensive annoncée. Brusquement une demi-heure après. les combats dans la forêt de SAINTE-BARBE-THIAVILLE-LA NEUVEVILLE. combats les plus meurtriers de la guerre, l'engagement follement épique. d'unités prises n'importe où pour arrêter l'ennemi dans sa progression sur la rive gauche de la Meurthe, le mélange complet des deux divisions ayant dans leur zône la CHIPOTTE. Toute une matinée d'héroïsme. La retraite à nouveau jusqu'à la ligne de partage des eaux entre MORTAGNE et MEURTHE. Mais alors ? pourquoi nous avoir dit ce matin que c'en était fini de reculer ? Un flot de fugitifs mourant de faim, harassés, poussiéreux, les yeux remplis de peur. Les convois dans le désordre le plus absolu, des blessés partout, un silence atroce après la fusillade insensée de ce matin. A notre gauche seulement le roulement continu. mais encore éloigné de la canonnade. Les Chefs où sont-ils ? Là où ils doivent être bien sûr. mais où ? aucune liaison, pas d'ordres, des renseignements faux. Par dessus tout. une lassitude impossible à décrire, une angoisse inexprimable. Que va-t-il être fait de nous ? Que va-t-il advenir de la France ? que se passe-t-il ailleurs ? et nos Foyers Vosgiens ? détruits, incendiés. et nos familles ? envoyées en Allemagne comment ? dans quelles conditions ?.... La 44e D. I. n'était pas plus brillante après les espérances deux fois renouvelées de MULHOUSE. la retraite, puis l'embarquement précipité et la marche dans les forêts qui mettent toujours dans l'âme des vivants qui les parcourent pour la première fois, un peu de mystère s'ils sont éduqués, un peu d'hébétude s'ils sont simples et surtout s'ils ignorent la vie dans les grands bois. La concentration et la reconstitution essayées le 25 au soir sur la ligne ST-BENOIT-BRU et sur les arrières LARIFONTAINE-LE HAUT-DES-CHENES. Reconstitution essayée, car les minutes comptent ; des réservistes en grand nombre sont arrivés pour certains corps, un détachement égaré du 152e R. I. se trouve dans l'amalgame, mais ces renforts ne sont pas encadrés.

Les Chefs de Corps reconstituent ou ne reconstituent pas leur unités décimées. Le nombre de celles-ci a bien diminué.

Exemple : 4 compagnies, 4 petites compagnies pour mon Bataillon de Chasseurs et une seule pièce de mitrailleuse, l'autre est enrayée, à perpétuité. Deux officiers par compagnie au lieu des 5 du début. Une pensée aux morts, aux blessés, aux disparus ! De nouveaux Chefs de Corps presque partout, comment vont-ils être ?.....

Pas de cantines, naturellement. Depuis 26 jours personne n'a changé de linge. Heureusement, le sac alpin porté par les Officiers renferme bien des choses, mais les hommes n'ont plus rien, pas un jour de repos depuis le départ de la caserne ! pas de lavage ! pas de travaux de propreté !! Voilà l'état physique et l'état moral..... !

....

....

....

Le cadre, le terrain, regardez ! il n'a pas changé depuis 1914. Des bois à perte de vue lorsqu'on peut d'une tête de ligne de faîte avoir un horizon quelconque, mais presque toujours des bois de sapins limitant la vue à 100 mètres. Un terrain très accidenté, peu de taillis. Une circulation facile pour l'infanterie si ce n'étaient les différences de niveau. De puissants ravins de tous côtés, ravins à côtes de melon assez régulières et à sources multiples, ce qui rend très difficile la connaissance exacte du point où l'on se trouve. La direction, la liaison, la transmission des renseignements et des ordres sont extrêmement laborieuses et délicates.

Au nord, le Ravin du Ruisseau des GRANDES-FAIGNES que j'ai suivi, seule troupe Française, dans ma retraite du 25, il ne jouera aucun rôle dans les combats, il sera du reste pendant toute cette période, sauf deux heures dans la soirée du 1er septembre, entre les mains des Allemands. De même le ravin qui emprunte la route de RAON dans sa deuxième partie direction N.-E. A l'est, le ravin qui conduit à LA RAPPE et qui suit la route d'ETIVAL. Je vous raconterai plus tard comment dans la matinée du 2 septembre, quoique cela paraisse invraisemblable, la 4e compagnie du 3e B. C. P. a pu le traverser à 1 kilomètre à l'est du Col, sans tirer un coup de fusil. Ce ravin n'a joué aucun rôle dans les combats sauf à sa naissance même, Ferme de la CHIPOTTE et clairière de la ferme près du Col.

Au sud-ouest un ravin peu accentué en comparaison des autres, descend sur SAINT-BENOIT et finit à ce village, capital pour la compréhension des combats. A la source du ravin, la vieille route suit la rive gauche et la nouvelle route, la rive droite.

Deux autres ravins jouent un rôle non moins capital. Au sud celui de Corbé qui sépare presque le massif proprement dit de la CHIPOTTE de la ligne de partage des eaux plus au sud. Au nord, se rencontrant au Petit-Paris avec le ravin des Grandes-Faignes, le ravin des Etangs Coltai, il prend naissance au point trop fameux. *Le Dépôt de Merrain*, croisement des routes THIAVILLE-SAINT-BENOIT, THIAVILLE-SAINTE-BARBE, THIAVILLE-MENIL, LA CHIPOTTE-SAINTE-BARBE. Le débouché à la naissance du ravin Coltai se fait sur le plateau maintenant légendaire de MENIL-SAINTE-BARBE.

Entre ces ravins, le plateau de la CHIPOTTE très étroit dans la partie sud et réduit même à la ligne de partage des eaux à 1500 mètres sud du Col, s'épanouissant au contraire assez largement au nord-ouest de la route principale SAINT-BENOIT-RAON-L'ETAPE. Au nord du Col, la ligne de partage des eaux est peu accentuée ; elle suit précisément cet épanouissement au nord-ouest du Col dont je parlais et aboutit au dépôt de Merrain et par conséquent au plateau de MENIL-SAINTE-BARBE. Conséquence directe et capitale pour la compréhension des journées de combat : LA CHIPOTTE, le dépôt de Merrain, le Plateau MENIL-SAINTE-BARBE sont solidaires. La ligne de partage des eaux est flanquée a l'est et au nord-est par les massifs des Grands-Reins et surtout du Repy, le fameux Repy et la Pierre-d'Appel qui dominent complètement RAON et toute la plaine de SAINT-DIE. Au sud du Col, cette même ligne de partage des eaux est très accentuée, presque à pic sur la plaine de SAINT-DIE à 1500 mètres sud du Col, s'étageant au contraire largement en massifs inextricables, topographiquement parlant, et cela à l'ouest, dans la direction de RAMBERVILLERS. Sur cette ligne de partage des eaux, trois points importants : NOIRIN-CHATEL-BARREMONT (Chemin Saint-Benoit-Saint-Remy). *Le Haut-du-Bois* (vieille et nouvelle route RAMBERVILLERS-NOMPATELIZE) (vieille route plus au nord avec la ferme du Haut-des-Chênes, nouvelle route un peu plus au sud avec Fraipertuis). Au sud du Haut-du-Bois, la fameuse « Passée du Renard » (route Nompatelize-les Rouges-Eaux).

Au nord de LA CHIPOTTE, la forêt de Sainte-Barbe, à l'est le bois d'ETIVAL, au sud l'immense forêt de RAMBERVILLERS, à l'ouest la forêt de SAINT-BENOIT.

Les villages qui sont commandés par le Col même de LA CHIPOTTE, vous les connaissez certainement puisque vous êtes tous Vosgiens. Ce sont au nord-est : LA CHAPELLE-THIAVILLE et RAON-la-NEUVEVILLE ; à l'est, ETIVAL-SAINT-REMY ; au sud-ouest, LARIFONTAINE-JEANMENIL-SAINT-GORGON ; à l'ouest, SAINT-BENOIT-BRU-RAMBERVILLERS ; au nord-ouest, ANGLEMONT-MENIL et SAINTE-BARBE. Différence de niveau de RAON au Col : 150 mètres ; de SAINT-BENOIT au Col : 100 mètres.

Voilà donc très sommairement décrit le cadre dans lequel nous allons étudier les journées de combat depuis le 25 Août jusqu'au 5 Septembre.

Période Rouge : 25, 26, 27, 28, 29 Août.

Période Bleue : 30, 31 Août, 1er, 2, 3, 4 Septembre.

Dans chaque journée un résumé sera fait en quatre paragraphes : Coloniaux — Infanterie Alpine — Infanterie Vosgienne — Chasseurs. Puis le détail sera donné.

Il est indispensable que le lecteur ait sous les yeux la carte en couleurs de la Région de la CHIPOTTE éditée par le Service Géographique de l'Armée au 1/50000.

....

....

JOURNEE DU 25 AOUT 1914.

COLONIAUX. — *Très violent combat à Sainte-Barbe, à Bazien dans la soirée.*

INFANTERIE ALPINE. — *Très violent combat à Ménil, le soir, ainsi qu'au sud de Sainte-Barbe.*

INFANTERIE VOSGIENNE. — *Très violent combat au Repy et au col de Trace, à Thiaville et au Petit-Paris, à Sainte-Barbe et à la côte 371.*

CHASSEURS. — *Très violent combat à Chatelles, au Repy, à la Neuveville, à Thiaville, au Dépôt de Merrain, à Ménil et sur la route Ménil-Nossoncourt.*

L'infanterie Alpine dans cette journée du 25, eut un très gros effort à fournir. A peine débarquée, elle forme deux colonnes : 159e, 97e (colonne de gauche) BRUYERES-BROUVELIEURES-AUTRAY-JEANMENIL et 157e, 163e (colonne de droite) SAINT-DIE-LA BOURGONCE-HOUSSERAS-LARIFONTAINE-BRU.

Les 157e et 159e sont aussitôt engagés sur le point critique du champ de bataille, 2 bataillons du 157e attaquent MENIL (un bataillon attaque Ste-BARBE). Ils retraitent bientôt sur BRU. Le 159e attaque à son tour, reprend MENIL puis le perd, il occupe enfin la côte 353 au sud de Ste-Barbe.

L'Infanterie Vosgienne (149e, 158e, R. I.) mélangée aux éléments restant des 38e et 86e R. I. et soutenue par le 31e B. C. P., livre un combat acharné à partir de midi jusqu'à la tombée de la nuit à la côte 371 et à STE-BARBE. En somme la bataille fait rage, dans cette journée du 25, spécialement dans la région de Ménil-Sainte-Barbe, mais elle se prolonge au sud-est. Au Dépôt de Merrain, le 10e B. C. P. et une compagnie du 3e B. C. P. soutenus par le 1/149e livrent un très dur combat assez tard dans la soirée.

Plus à l'est les combats avaient eu lieu surtout dans la matinée : Thiaville, le Petit-Paris virent les combats les plus meurtriers de la Guerre, livrés par deux bataillons du 109e et le 3e B. C. P. d'une part ; 17e R. I. d'autre part, moins engagé que les deux corps précédents.

Au Repy, aux lisières de La Neuveville, au col de Trace, à Chatelles, luttes héroïques du 21e R. I., des 20e et 21e B. C. P. Au soir, le Repy est toujours fortement occupé par nous, le col de la Chipotte est libre. La tranchée d'Heurtemouche, la côte 421-423, le dépôt de Merrain, les débouchés de Ménil et Sainte-Barbe sont tenus très solidement par nos éléments mélangés.

JOURNEE DU 26 AOUT 1914.

COLONIAUX. — *Très violent combat à Saint-Benoit, (Maisons Est), puis à la côte 421-423 (de 13 h. 45 à la nuit).*

INFANTERIE ALPINE. — *Le 159ᵉ livre un combat extrêmement dur au sud et au sud-est de Sainte-Barbe, au dépôt de Merrain où le 21ᵉ B. C. P. apparaît quelques instants. Le 159ᵉ se replie puis réattaque à nouveau soutenu par le 97ᵉ qui est engagé à son tour sur Ménil. Le 157ᵉ attaque Ménil en partant d'Anglemont .. attaque liée avec celle du 97ᵉ. L'artillerie Allemande fait subir de grosses pertes à l'attaque.*

INFANTERIE VOSGIENNE. — *1/149ᵉ et le 109ᵉ mènent un très dur combat dans la matinée à 421-423. Dans la soirée combat extrêmement violent à Saint-Benoit, la Chipotte puis 421-423 auquel participent un bataillon du 158ᵉ R. I., le 17ᵉ R. I., le 21ᵉ R. I. qui le matin même a continué à se battre au Col de Trace (Repy) et même aux avancés de la Neuveville.*

Cette attaque du 158ᵉ, 17ᵉ, 21ᵉ R. I. n'est qu'une succession ininterrompue de charges, de contre-attaques, de tirailleries effrayantes dans trois directions différentes et dans le plus complet mélange avec du Génie et des Chasseurs, et heureusement liées avec l'action des coloniaux.

CHASSEURS. — *Le 20ᵉ B. C. P. est toujours dans le Repy ; tous les autres Bataillons sont en deuxième ligne, sauf quelques unités du 21ᵉ B. C. P. qui participent au 1ᵉʳ combat de la CHIPOTTE, il en est de même de quelques groupes du 17ᵉ B. C. P. Le 54ᵉ B. C. P. est aussi à la CHIPOTTE.*

Le 31ᵉ B. C. P. est porté dans la matinée à la gauche du 13ᵉ C. A. à Ménarmont. Le soir le Bataillon rentre à St-BENOIT ayant souffert du bombardement pendant l'attaque de Domptail par le 13ᵉ C. A.

La caractéristique de la journée du 26 est très nette : Une attaque menée par nous autour de Ménil-Ste-Barbe. Une attaque allemande à très gros effectifs, direction le dépôt de Merrain, la côte 421-423, St-Benoit avec débordement sur la CHIPOTTE d'une part, sur Ste-Barbe-Ménil d'autre part. Une contre-attaque Française en fin de journée rétablissent la situation fort compromise entre 15 h. et 16 h. Rien ne peut dépeindre l'acharnement des combats du 26. Tous les documents que j'ai pu patiemment rassembler sur cette journée me montrent des épisodes vraiment héroïques. La journée célèbre du 26 août mériterait à elle seule une conférence. L'infanterie Alpine fut merveilleuse dans les environs de Ménil.

Les Coloniaux furent splendides de mordant dans leur contre-attaque de 16 h. sur la lisière est de Saint-Benoit et sur la côte 421-423. Mais l'épisode de de beaucoup le plus marquant fut la farouche énergie du Général BARBADE *organisant* la lutte sans merci, au corps à corps, si l'on peut employer une pareille expression, au Col de la CHIPOTTE et au sud-ouest du Col entre 16 h. et 19 h. Les deux charges du 3e Bataillon du 21e R. I. font frissonner celui qui les étudie. Le Commandant FEVRE tenant le drapeau du Régiment, tambours et clairons sonnant la charge, devient une figure de légende ; j'ai trouvé des groupements de lutte comptant dans leurs rangs cinq numéros différents. Les hommes se groupaient naturellement instinctivement autour des Chefs quelsqu'ils fussent. La fusillade alternait avec la charge. Il fut une heure où le combat acharné eut lieu dans trois directions divergentes ; de là de nombreuses pertes occasionnées par des balles françaises. Qu'importe, à 19 h. 30 le résultat était obtenu, l'Allemand était repoussé après avoir subi de très lourdes pertes. La Providence vint en aide aux combattants sous la forme d'un très violent orage qui éclata lorsque le soleil disparut à l'horizon. Le vide se produisit sur le champ de bataille. Le contact fut totalement perdu depuis le dépôt de Merrain jusqu'au Repy à 20 h. 30 ; les patrouilles envoyées ne rencontrèrent plus aucun Allemand si ce n'est quelques détrousseurs de cadavres ou de blessés graves.

Nous tenons toujours malgré le gros effort ennemi les débouchés de Ménil-Sainte-Barbe, le dépôt de Merrain, la partie est de la tranchée d'Hertemouche, le col de la Chipotte, le Repy ; sauf à Ménil-Ste-Barbe nous ne savons plus où sont les Allemands. Des cavaliers, Chasseurs d'Afrique de la 44e D. I., Chasseurs à Cheval de la 13e D. I. peuvent circuler sur la route St-Benoit-La Chipotte-Etival sans rencontrer ni ami, ni ennemi et cela jusqu'à 4 heures du matin, le 27 !! Pareil fait s'est renouvelé souvent pendant la campagne ; après la rage du corps à corps, une lassitude s'empare du combattant. Episode caractéristique : une compagnie allemande fut totalement coupée de son bataillon et rejetée vers le sud ; on la signale à plus de 3 kilomètres dans l'intérieur de nos lignes dans les bois de Saint-Remy. Elle réussit à rejoindre son corps. L'acharnement fut tel au début dela contre-attaque française que des Allemands, refusant de se rendre et causant de grosses pertes aux coloniaux, furent cernés dans une des dernières maisons est de St-Benoit et périrent dans les flammes.

JOURNEE DU 27 AOUT 1914.

COLONIAUX. — *Aux avant-postes à la côte 421-423 et au nord-ouest de la Chipotte.*

INFANTERIE ALPINE. — *Combat de plus en plus acharné au Ménil. Le 157e attaque et prend Ménil avec 2 bataillons, puis le reperd, sauf la partie nord du village que l'on ne peut jamais conquérir. 2 autres bataillons attaquent Ste-Barbe par le sud. Le 159e attaque de même les grandes clairières au sud et au sud-est de Ste-Barbe, puis à son tour prend à son compte, avec ses éléments disponibles, le combat de Ménil. Celui-ci est pris, reperdu, repris.*

INFANTERIE VOSGIENNE. — *Les 149e et 158e à partir de cette date tiennent les premières lignes aux environs des fermes Malplanteux et des Tribunes, en liaison à gauche avec le 13e C. A., à droite avec le 163e R. I. régiment réservé de la 44e D. I., engagée sur Ménil-Ste-Barbe. Le 21e R. I. est aux avant-postes au nord-est et à l'est de St-Benoit, en liaison avec les coloniaux.*

Les 109e et 17e R. I. sont attaqués violemment sur la route St-Benoit-la Chipotte et au col même, en particulier à 13 h. et à 15 h.

CHASSEURS. — *En deuxième ligne, sauf le 20e B. C. P. qui se dégage très tôt dans la matinée du 27, du massif du Repy, longe la lisière sud du col de la Chipotte sans rencontrer personne et gagne enfin Housseras.*

Les Chasseurs en deuxième ligne, vers la Clice-Hertemeuche sont engagés pendant quelques instants à la chute du jour, puis tout rentre dans l'ordre.

La journée du 27 marque indubitablement une volonté tenace de la part des commandements Français et Allemand pour avoir une solution sur le plateau Ménil-Ste-Barbe. L'acharnement dans Ménil est indescriptible. Ce malheureux village est pris et perdu plusieurs fois, repris et reperdu. La partie nord reste allemande. Episode caractéristique du fourrier Bartholi, du 157e R. I. qui, à lui seul, dans une maison, tue 5 Allemands, est assommé, revient à lui au bout d'une heure, tue à nouveau 3 Allemands et disparaît dans la nuit. Lorsque de pareils faits isolés se produisent dans un combat de village, il est inutile de décrire l'ensemble : l'ancien combattant est fixé.

Le combat aux environs de la Chipotte et à la Chipotte même n'est qu'une simple diversion. Après deux bonnes attaques et une tiraillerie violente par instants, l'ennemi se retire complètement à 19 heures devant les 109e et 17e R. I.

Réaction très violente de l'artillerie ennemie sur la tranchée de Hertemouche.

En fin de journée, situation inchangée, nous tenons toujours les mêmes points. Le Col de la Chipotte est libre.

Je ne rentre pas naturellement dans le détail des troupes aux avant-postes, des troupes en renfort, des troupes en deuxième ligne. La simple énumération serait beaucoup trop longue, de plus fastidieuse et très embrouillée. Aucune troupe n'occupe 24 heures de suite la même position de 2e ligne. Le demi-arrière et l'arrière offrent pendant toutes ces journées, l'aspect d'un chassé-croisé continuel. Il faudrait que j'établisse pour chaque jour deux croquis à grande échelle. Situation à 5 h. du matin. Situation à 20 h. Cela ne rentre pas dans le cadre d'une conférence, ni dans celui d'une étude succincte.

JOURNEE DU 28 AOUT 1914.

COLONIAUX. — *Toujours aux avant-postes à la côte 421-423 et au nord-ouest de la Chipotte.*

INFANTERIE ALPINE. — *Les combats du dépôt de Merrain, des lisières sud de Ste-Barbe, de Ménil, ne ralentissent pas. Le 159e est surtout engagé au dépôt de Merrain et aux clairières sud-est de Ste-Barbe. Le 157e est à Ménil. Après avoir subi de très lourdes pertes le Régiment abandonne Ménil et se retire au sud-est.*

INFANTERIE VOSGIENNE. — *Le 109e épuisé se retire en réserve à Saint-Benoit et aux lisières sud. Le 21e R. I. le remplace à la Chipotte. Les Allemands sont-ils avertis que la densité des troupes françaises en ligne a diminué ? Toujours est-il que le 21e R. I. est très violemment attaqué par mitrailleuses et 77 trainés à bras. Le 3e bataillon qui tient le Col même est bousculé, ses munitions sont épuisées. Les ravitaillements fournis par les 2 autres Bataillons et le Régiment sont épuisés à leur tour. Le Col est pris par l'ennemi, mais il ne peut le dépasser. Le 21e R. I. s'établit au sud du Col et très à proximité. L'artillerie allemande bombarde très violemment Saint-Benoit.*

CHASSEURS. — *En Réserve ou en deuxième Ligne.*

Cette journée de combat nous montre toujours l'acharnement de l'ennemi à l'aile gauche de la Chipotte, sur Ménil-Sainte-Barbe. L'Infanterie Alpine renouvelle son exploit des jours précédents. Ménil surtout offre l'exemple de la lutte à l'intérieur des localités lorsqu'elle a atteint le paroxysme de la rage. Le Sous-Lieutenant Paoli auquel deux de ses hommes font passer sans cesse des fusils, abat tranquillement tous les Allemands qui essayent de traverser une impasse. Ils sont seuls dans une maison. Paoli à l'embuscade derrière une fenêtre fermée du 1er étage. Les Allemands par infiltration gagnent les abords, incendient une grange attenante. Paoli et ses 2 hommes trouvent dans les flammes une mort glorieuse. Au soir, les Français gagnent la lisière des bois, ils ont subi des pertes terribles, ils ne peuvent plus tenir les débouchés de Ménil. Les Allemands ne les poursuivent même pas, le contact est perdu ; seul le chant du.... « Wacht am Rhein » qui monte dans la nuit maintenant paisible, indique aux Alpins, serrés autour de leur drapeau déployé, la position allemande.

Au col même de la Chipotte, les Allemands ont lancé toute la matinée des reconnaissances, ils se sont rendu parfaitement compte de la faible densité des lignes. Ils se renforcent en mitrailleuses, amènent de l'artillerie à bras sur la route et brusquement attaquent très violemment. La fusillade est infernale ; très rapidement les hommes du 3e Bataillon du 21e R. I. qui tiennent le Col n'ont plus de munitions. Le peu de réserves disponibles du 21e R. I. est engagé, les mitrailleuses françaises se sacrifient. Le Col de la Chipotte est bientôt aux mains des Allemands, mais ils ne peuvent le dépasser de 50 mètres ; en face d'eux le 21e R. I. se fortifie hâtivement.

La situation au soir du 28 est donc la suivante : Ménil et Sainte-Barbe sont complètement allemands. Le dépôt de Merrain, l'est de la tranchée d'Hertemouche, 421-423, les abords ouest et sud du Col de la Chipotte sont aux mains de nos troupes. Le Repy est totalement allemand. La droite de notre position au col est très en l'air. L'ennemi est à bout de souffle, il n'a plus pour maintenir son moral que l'annonce de la victoire de CHARLEROI qui vient de lui être faite. Il crie sa joie, il chante, mais ne poursuit pas.

Comme toujours en pareil cas son artillerie seule donne à plein et les marmites tombent sur Saint-Benoit.

JOURNEE DU 29 AOUT 1914.

COLONIAUX. — *En réserve jusqu'au soir.*

INFANTERIE ALPINE. — *Le 159e s'obstine au Dépôt de Merrain et dans les clairières sud-est de Sainte-Barbe, tirailleries, reconnaissances, coups de sonde. Le 97e prend les avant-postes en avant de Saint-Benoit, face au nord-est. 157e en réserve à Saint-Benoit.*

INFANTERIE VOSGIENNE. — *Le 21e R. I. est toujours aux avant-postes à la Chipotte, il sera relevé le soir. Les 17e R. I. et 109e R. I. sont en réserve.*

CHASSEURS. — *Dans l'après-midi se dirigent tous sur la Chipotte.*

Caractéristique de la Journée. — Calme, sauf au dépôt de Merrain. Une nouvelle période se prépare. A 12 h. 30, les 17e, 20e, 21e B. C. P. partent pour le Haut-du-Bois, par Fraispertuis, ils forment l'avant-garde des chasseurs, direction la Chipotte. A 17 h. les 1er, 3e, 10e, 31e B. C. P. partent à leur tour. Jeanménil, le Haut-des-Chênes, Noirinchatel. Ils y arrivent en pleine nuit après une marche extrêmement pénible par un sentier très étroit en colonne par un. Arrêts très longs et démoralisants, suivis brusquement d'une marche rapide presque au pas de course. A-coups formidables ; les chasseurs sont obligés de se tenir par le pan de la capote pour ne pas se perdre. Long arrêt à Woirinchatel, puis reprise de la marche. Direction : l'étoile Polaire. Tous les efforts sont faits pour que l'interminable colonne par 1 suive le chemin de la ligne de partage des eaux. La nuit se passe ainsi. Il avait fait extrêmement chaud la veille, les premières heures de la nuit avaient été lourdes ; les Chasseurs grelottent maintenant couchés dans la rosée. La lassitude est grande. Un silence complet dans les grands bois. Des incendies rougeoient dans la plaine à l'est malgré l'aurore naissante.

PERIODE BLEUE

JOURNEE DU 30 AOUT 1914.

COLONIAUX. — *Un régiment en réserve. Un régiment, le 3e, attaque le nord-ouest du Col de la Chipotte à l'extrême matin.*

INFANTERIE ALPINE. — *97e et 159e R. I. prennent les avant-postes au nord-ouest du Col de la Chipotte, à la gauche des coloniaux. Ils tiennent tous les débouchés du Ruisseau des Grandes-Faignes. Prise de contact simplement avec l'ennemi. 157e à Saint-Benoit, 163e toujours en ligne le long de la tranchée d'Hertemouche.*

INFANTERIE VOSGIENNE. — *149e et 158e toujours sur la ligne de la tranchée d'Hertemouche en liaison avec le 13e C. A., les 17e, 21e, 109e R. I. en réserve dans la Région Larifontaine-Jeanménil.*

CHASSEURS. — *Les Chasseurs attaquent. Le 30 août est leur grande journée d'offensive sur la Chipotte même. Le 61e B. C. P. prend les avant-postes au dépôt de Merrain. A la tombée de la nuit, tous les bataillons de chasseurs passent en deuxième ligne sauf le 21e B. C. P. qui reste devant la Chipotte. Les 1er, 3e, 10e, 31e sont même en réserve à Fraipertuis et environs.*

La physionomie de la bataille a changé complètement. Le calme va régner dans la région Ménil-Sainte-Barbe. La frénésie de la lutte se tiendra uniquement à la Chipotte dans un très petit espace de terrain. Les Allemands restent sur la défensive. Les Français attaquent.

Depuis 12 jours le contraire était vrai, car nos attaques de Ménil et Ste-Barbe, n'étaient qu'une défensive active très bien comprise. La Chipotte est un point vital pour les futures opérations, conséquences de CHARLEROI et de MORHANGE-SARREBOURG. Sa possession est indispensable aux Allemands pour leur marche soit sur CHARMES, soit sur EPINAL.

La première armée Française doit faire l'impossible, sinon pour les en chasser, du moins pour les y clouer.

L'aile gauche de La Chipotte est stabilisée. Le dépôt de Merrain est toujours à nous, la tranchée d'Hertemouche est inébranlable. La droite est inquiétante. Le 14e C. A. est fortement attaqué dans la plaine. La liaison est essentiellement précaire malgré tous les efforts des Bataillons de Chasseurs de réserve. C'est là, certainement la grosse inquiétude du Commandement à la Chipotte.

Le combat du 30 s'engage de la façon suivante : Axe de direction : Le chemin forestier qui partant du sud aboutit au sommet même du Col.

De la gauche à la droite en faisant face au Col : quelques unités du 21e, le 17e, le 20e B. C. P. ce dernier, étant donnée l'étroitesse du terrain, sur les pentes de la ligne du partage des eaux.

En deuxième ligne quelques unités du 21e, et toujours de la gauche à la droite les 3e, 1er, 10e B. C. P.

En réserve le 31e B. C. P.

Le jour étant complètement fait sous bois, l'attaque se produit, elle prend de suite un caractère violent : avance, recul, de nouveau avance, fluctuations, tournoiements.

Dès 8 h. le 3e B. C. P. est engagé en échelon offensif à la gauche de la première ligne. Son extrême gauche (1re compagnie du 3e B. C. P.) en liaison intime avec les coloniaux.

Mais ceux-ci ne peuvent plus attaquer, ils sont arrivés à 300 mètres du Col, et sont fixés par des mitrailleuses placées dans des fortins parfaitement organisés. Les 97e et 159e R. I. n'attaquent pas, leurs éléments tiennent la route dépôt de Merrain-La-Chipotte et tous les débouchés sud-ouest du Ruisseau des Grandes-Faignes.

Vers 10 h., le 17e B. C. P. est épuisé, il n'a plus de munitions, ravitaillement extrêmement difficile. Le 1er B. C. P. prend sa place. Le combat continue acharné à la gauche et au centre de la ligne. Le 1er B. C. P. subit de lourdes pertes.

Vers 13 h., le 20e B. C. P. est à son tour relevé par le 10e B. C. P. La gauche est définitivement stabilisée.

Le Général BARBADE qui commande l'attaque estime que l'effort principal doit être fait par la droite du 1er B. C. P. et le 10e B. C. P.

A 16 heures, l'attaque à fond se produit. Elle progresse de 200 m. elle est clouée au sol par les mitrailleuses sous fortins, étagées sur des pentes qui dominent complètement la droite des chasseurs.

A 17 heures, l'extrême gauche de notre ligne, 3e B. C. P. et une compagnie du 1er B. C. P. attaquent à leur tour. 100 m. de progression, puis, à nouveau, stabilisation.

Tous les Bataillons sont à bout de forces. A 18 h. ils se décrochent successivement, protégés par le 31e B. C. P. qui à son tour, est relevé par le 21e B. C. P. peu engagé dans le courant de la journée. Les 17e et 20e passent en deuxième ligne. Les 1er, 3e, 10e, 31e en réserve.

Ce qu'a été cette journée, vous le devinez facilement.

Les heures ont passé comme des minutes, vingt épisodes pourraient être racontées vous montrant la volonté tenace qui était dans l'âme de tous les Bataillons de s'emparer du Col. Dans une lutte uniquement sous bois sans clairières, sans avenues, sans coupures obliques ni perpendiculaires ; le dernier mot appartient à celui qui a pu placer tranquillement aux points voulus, le nombre d'armes automatiques, flanquantes à courte distance, suffisant pour briser l'assaut même le plus vigoureux. C'est ce qui s'est produit. De plus, je le répète, notre droite était très en l'air, notre gauche était immobile. Attaquer un centre de résistance sur 500 m. de front sans pouvoir le déborder ne prouve que des qualités héroïques. Les charges succèdent aux charges, les clairons à maintes reprises enlevèrent magnifiquement les lignes bleues, fanions déployés. Les Allemands ripostèrent avec non moins de bravoure. Leurs fifres et leurs petis clairons se firent entendre bien souvent. Le drapeau allemand était planté sur leur réduit central, au sommet même du Col. Leur Kapelle entraîna une charge splendide entre midi 30 et 13 h. Ce fut en un mot la lutte constante entre 30 et 50 mètres de distance. Dans ces conditions les pertes furent particulièrement lourdes des deux côtés. L'épuisement était à son comble, je dois ajouter que le système des balles retournées fut employé par les deux camps, d'où blessures affreuses ! Le décrochage se fit sans être inquiété nullement par l'ennemi. Le remplacement du 31e B. C. P. par le 21e B. C. P. ne subit aucun accroc. la nuit fut relativement calme. Le Dieu de la guerre ordonne heureusement de pareilles trêves ! L'artillerie était restée silencieuse sauf quelques heures dans la matinée, elle sentait trop bien son impuissance dans cette immense étendue de bois.

En fin de journée, la situation est inchangée, le Dépôt de Merrain, la tranchée d'Hertemouche sont inviolables. Le Col de la Chipotte est aux mains des boches mais leur situation est extrêmement précaire, ils sont cloués et bien cloués. Le danger est toujours sur notre droite depuis 24 h. Le 14e C. A. est obligé de reculer, jusqu'où reculera-t-il ? Les Allemands sont à Saint-Dié ; la plaine va être en leur pouvoir.

JOURNEE DU 31 AOUT.

COLONIAUX. — *Toujours aux avant-postes au nord-ouest du Col de la Chippotte. Leur ligne en certains points a été portée à 150 mètres du col même.*

INFANTERIE ALPINE. — *Avant-postes au nord-ouest du Col dans le prolongement des Coloniaux. La journée se passera en prises de contact répétées et en reconnaissances.*

INFANTERIE VOSGIENNE. *Aux avant-postes à l'extrême gauche de notre ligne de C. A. ou en réserve.*

CHASSEURS. — *2e attaque du Col dans l'après-midi. La brigade bleue, 1er, 3e, 10e, 31e sera dorénavant en première ligne, 17e, 20e, 21e, en 2e ligne ou en échelons défensifs sur la droite.*
Le 61e B. C. P. garde toujours le dépôt de Merrain.

La journée n'offre rien de bien saillant malgré l'ordre donné aux chasseurs de recommencer leur attaque de la veille. Peut-on recommencer une pareille attaque ? Certes rien n'est impossible, et les ordres sont faits pour être exécutés mais... les forces psychiques qui n'ont pas été suffisamment étudiées, ne déterminent-elles pas dans la masse des combattants des courants positifs ou négatifs contre lesquels les émanations du cerveau, ou les déterminantes parties du cœur, sont bien peu de choses !!!

Les Chasseurs quittent Fraiperluis à midi, ils avaient été précédés par les 17e et 20e B. C. P. qui restent en deuxième ligne derrière le 21e B. C. P. toujours aux avant-postes. Le but de l'attaque est de faire tomber le Col de la Chipotte en le contournant par l'est. Bref, c'est la reprise de l'attaque menée par le 10e B. C. P., dans la journée du 30. Le 31e B. C. P. est en première ligne, les 3 autres bataillons 1er, 3e, 10e, en deuxième ligne ou en réserve.

L'attaque, brillamment conduite, se heurte à des difficultés considérables, tant du fait du terrain extrêmement accidenté et couvert que du fait des mitrailleuses boches étagées et flanquant le terrain occupé par la ferme de la Chipotte. Deux compagnies du 1er B. C. P. et du 3e B. C. P. renforcent le 31e, mais en vain. L'assaut vient mourir au même point que la veille. A la droite du centre de la ligne quelques progrès sont marqués. La situation est la même, les boches sont cloués à la Chipotte. Leur ligne de communication est bien précaire. Au soir, 17e, 20e, 21e passent définitivement en deuxième ligne. 1er, 3e, 10e, 31e prennent les avant-postes en formation convergente sur la Chipotte, liée intimement aux coloniaux. La droite offre toujours un point d'interrogation. Les combats se font de plus en plus violents sur la Rappe-Saint-Remy, bientôt La Salle et Nompatelize !!!

JOURNEE DU 1er SEPTEMBRE 1914.

COLONIAUX. — *Toujours aux avant-postes au nord-ouest de la Chipotte.*

INFANTERIE ALPINE. — *Très violent combat à 1.500 m. environ au nord-ouest du Col ; 2 bataillons du 97e et le 159e. Le 157e R. I. en protection du flanc gauche est obligé de s'employer à fond. Un bataillon du 97e a déjà glissé à notre droite pour la protection du Haut-du-Bois.*

INFANTERIE VOSGIENNE. — *Même situation.*

CHASSEURS. — *Situation inchangée. Le 61e B. C. P. est fortement attaqué au dépôt de Merrain. Il maintient sa position.*

Journée calme à la Chipotte aussi bien qu'à Ménil-Sainte-Barbe. On en profite pour se fortifier ; pas de plan d'ensemble, les avant-postes en fin de combat creusent où ils sont restés. Invraisemblance du résultat atteint qui fait réclamer un Chef du Bataillon du Génie.

Ce dernier arrive dans l'après-midi et fait recommencer les travaux ; nombreux abatis qui indiquent forcément à l'ennemi que notre volonté offensive a été bien amoindrie, les 30 et 31 Août. Il ne tardera pas à en tirer parti. Les travaux ne peuvent être poussés à fond car nous manquons d'outils de parc et vraiment, pour creuser dans ce sol rocailleux encombré de racines, les outils portatifs sont insuffisants. Pas de fil de fer. Armes automatiques en nombre ridicule.

Mais l'intérêt de la journée se trouve dans la brillante opération menée par l'infanterie Alpine et dans la contre-attaque puissante déclanchée à son tour par l'ennemi. Le Colonel BARBOT, Chef futur de la 77e D. I. commandait l'infanterie de la Division Alpine engagée aux avant-postes entre les Coloniaux et le 61e B. C. P.

En première ligne, un bataillon du 97e et 4 bataillons du 159e, en deuxième ligne et à gauche un bataillon du 97e. En échelon défensif à gauche tout le 157e .

Le combat commence par un harcèlement énervant aux environs même du Col, puis brusquement le 1er bataillon du 159e attaque, à environ 1.000 mètres au nord du Col. Il réussit sans aucune peine à passer à la Fontaine-Jaumont, 800 mètres nord du Col, et parvient au kilomètre 6 sur la route la Chipotte-Raon. Une section de 77 est prise, les Allemands sont complètement isolés de leur base de Raon. Deux autres bataillons du 159e avaient aidé le 1/159 mais n'avaient pas dépassé le Thalweg du Ruisseau des Grandes-Faignes. Cette opération était un gros succès mais hélas ! sans lendemain, parce que ce jour-là, le centre, chasseurs, ne bougea pas, et que la droite de notre ligne était de plus en plus menacée. Les pièces de 77 ne purent être ramenées. Bientôt du reste la réaction des Allemands se produisit, partant de la Chipotte même, mais surtout de la route Thiaville-Sainte-Barbe. Le 1/159 se replie en bon ordre, il rejoint ses emplacements de départ, ayant épuisé toutes ses munitions.

La contre-attaque ennemie se fait de plus en plus violente sur la gauche du 159e, qui recule. Le 97e recule. Heureusement le 157e était en place, prêt à recevoir l'ennemi. Heureusement aussi le 61e B. C. P. réussit à maintenir sa position au dépôt de Merrain. Le combat fut acharné, les charges succèdent aux charges, les Allemands subissent des pertes formidables, leurs formations étant beaucoup trop denses. A la tombée de la nuit, chacun reprend très sensiblement ses positions.

Le calme complet règne dans la forêt, seuls le gémissement des blessés rappelent aux survivants les luttes sanglantes de l'après-midi. Des incendies considérables rougeoient tout l'horizon de l'est et du sud-est. Le danger devient de plus en plus grand sur notre droite. Toute la division Alpine doit glisser derrière nous, 2 régiments restent à Corbé-Saint-Benoit, Ferme du Haut-des-Chênes, 2 autres se rendent à la faveur de la nuit au Chitimont et au Haut-du-Bois, 2 bataillons de Chasseurs de réserve les avaient déjà précédés depuis quelques jours. Les Coloniaux étendent leur front au nord-ouest de la Chipotte. Les Allemands s'en apercevront. Le sort de la Chipotte va donc se décider. L'encerclement sur la droite est presque complet, nous nous étageons en ligne mince sur toute la ligne de partage des eaux face à l'est. Le dépôt de Merrain, la côte 421-423, forment une hernie considérable au nord-ouest. Le Col de la Chipotte lui-même ne tient que parce que la gauche Française tient. L'attaque fatale, inéluctable, va donc se produire au point sensible sur les coloniaux. Saint-Benoit est à nouveau très menacé.

Il est question d'autre part de concentration du 21e C. A. dans la région d'Epinal pour son embarquement très prochain. La question de la Chipotte est angoissante. Que va-t-il être fait en ce commencement du deuxième mois de guerre ?...

JOURNEE DU 2 SEPTEMBRE 1914.

COLONIAUX. — *Tous en ligne, avant-postes au nord-ouest du Col de la Chipotte.*

INFANTERIE ALPINE. — *2 régiments en réserve dans la région sud de Saint-Benoit, 2 régiments en protection de flanc droit de notre ligne.*

INFANTERIE VOSGIENNE. — *Toute entière en réserve.*

CHASSEURS. — *A la Chipotte, avant-postes ou en protection immédiate du flanc droit.*

Journée calme sur tout le front sauf au nord-ouest du Col. Continuation fébrile des travaux de fortification passagère.

L'attaque qu'il était logique de prévoir sur les coloniaux se déclanche, extrêmement violente, à 16 heures.

L'ennemi s'avance en face de Sainte-Barbe. Le Dépôt de Merrain tombe, tout ce qui se trouve entre ce point capital et la gauche des coloniaux retraite sur 421-423. La gauche coloniale est obligée de céder, l'instant est particulièrement critique.

Le Colonel BORDEAUX avait reçu le matin même 1.100 réservistes, débarqués de Lyon et très peu encadrés. Dernier espoir, faut-il les engager seuls, fatigués, ignorants de la Guerre ? Aucune hésitation. le sort de la Chipotte en dépend. Le Colonel les aiguille, comme il peut, et en avant ! Leur intervention héroïque sauve non seulement les 5e et 6e R. I. C., non seulement la Chipotte, mais rétablit sensiblement la situation.

Au soir, le dépôt de Merrain n'est plus à nous. La position des lignes à la côte 421-423 est très imprécise. La partie est de la tranchée d'Hertemouche est aux Allemands. Le coin que ceux-ci veulent faire sur Saint-Benoit est enfoncé dans notre ligne, il ne s'agit plus pour eux que de le faire jouer.

Notre droite est totalement dégarnie ; sur plusieurs kilomètres 5 bataillons de chasseurs, 3 régiments d'infanterie, dont un du 14e C. A. s'emploient à aveugler la voie d'eau qui s'est produite dans les flancs du navire. L'horizon est bien noir pour la journée du 3.

Et pourtant, malgré ces menaces, l'infanterie Vosgienne commence sa marche vers Epinal. D'autres nécessités plus urgentes forçaient le Généralisisme à enlever à la 1re Armée ses meilleures troupes actives.

JOURNEE DU 3 SEPTEMBRE 1914.

COLONIAUX. — *Extrêmement vif combat toute la journée. Les pertes sont terribles dans les deux camps. La partie nord-ouest de la Chipotte est complètement perdue, Saint-Benoit tombe à son tour.*

INFANTERIE ALPINE. — *Etagée en protection du flanc droit au Barrémont, Haut-du-Bois, Chilimont. 2 régiments en réserve dans la partie sud de la région Saint-Benoit.*

INFANTERIE VOSGIENNE. — *En marche vers Epinal.*

CHASSEURS. — *Très violent combat de 9 heures à 19 heures, à la gauche des chasseurs mais surtout à l'extrême droite, les 3e et 31e B. C. P. sont particulièrement engagés. Les éléments du 1er et du 10e B. C. P. s'étagent pour protéger le flanc gauche.*

Plus de réserve, plus de renfort.

Mais, l'ennemi ne gagne pas un mètre à la Chipotte même.

Les 17e, 20e 21e B. C. P. gardent tous les débouchés sud-est, sud, sud-ouest de la position française du Col de la Chipotte.

Le 61e B. C. P. est attaqué très violemment à la ferme de la Haye, il est obligé après un combat acharné de retraiter entre Bru et Saint-Benoit.

Le 3 septembre est la journée la plus critique. Les Allemands vont essayer par tous les moyens de profiter de leurs succès de la veille. Ils n'ignorent pas sans doute la marche du 21e C. A. vers le sud, ils savent que notre droite s'étend maintenant jusqu'à la Bourgonce. Ils sont même en droit de supposer que les Chasseurs et les Coloniaux vont retraiter sur des positions qui diminueront considérablement le front à occuper. A partir de 7 heures, prises de contact. A 9 heures, attaque violente sur notre extrême droite. A 11 heures, attaque en masse sur les coloniaux. L'ennemi emploie en grand l'assaut en formations massives, le peu de mitrailleuses que nous possédons leur fait subir d'énormes pertes. Après un léger recul, l'extrême droite des chasseurs contre-attaque et réoccupe ses positions. Jusqu'à 19 heures la tiraillerie sera infernale, plus de 400 cartouches par homme seront consommées. A midi sur les coloniaux, un effort énorme est produit, tous les Chefs sont frappés, les régiments ne sont plus commandés que par des Capitaines, les tranchées ébauchées, prises successivement à revers ou battues d'enfilade, tombent aux mains d'un ennemi décidé à pousser à fond, quelle que soit la casse. Les

Coloniaux battent en retraite par échelon toute l'après-midi. Ils essayent en vain de défendre Saint-Benoit, ils ne peuvent arrêter la progression allemande qu'à la lisière nord des bois commandant les débouchés sud de Saint-Benoit. La fusillade s'allume peu à peu sur toute notre droite depuis la Chipotte jusqu'au Haut-du-Bois. Dans le ravin de Corhé, en arrière de nous, des reconnaissances allemandes circulent en tiraillant.

La journée fut vraiment une lutte insensée en certains points et malgré cela, au coucher du soleil, comme les journées précédentes, le calme se fit pendant quelques heures sur le champ de bataille !!

Toute la partie est de la tranchée d'Hertemouche est aux Allemands, Saint-Benoit et la route Saint-Benoit-La Chipotte est en leur pouvoir. Ils circulent sur la rive droite du ravin de Corhé jusqu'à l'étang de Clairegoutte.

Le 14e C. A. Est accroché violemment à la Passée-du-Renard ; toute la plaine à l'Est de la Chipotte est donc allemande. La position française du Col est une hernie monstrueuse, n'ayant en son point le plus étroit que 1.500 mètres de largeur !!

La nuit fut ce que vous pouvez le supposer, angoissante au possible, les sentinelles énervées ouvraient le feu à chaque instant. Les patrouilles des deux armées se rencontraient sans cesse. Une question se posait à tous : Dans combien d'heures serons-nous prisonniers ou tués ? Les chasseurs terrassés de fatigue, ronflaient, ceux qui veillaient, claquaient des dents, le froid était vif, les blessés non évacués geignaient lamentablement. La plupart des Officiers faisaient les 100 pas sans dire un mot. Ils s'arrêtaient parfois pour regarder du côté de Saint-Dié, où étaient leurs familles, que se passait-il là-bas ?

Les incendies illuminaient l'horizon de cette lueur sinistrement rouge sombre qui impressionne l'homme le plus calme, le plus froid, le caractère le mieux trempé. Pas d'ordres, pas de renseignements. On avait faim, on avait soif, le cœur était soulevé par les odeurs épouvantables qu'apportait parfois la brise de la nuit. Mais n'était-on pas habitué depuis cinq jours à ne manger que du singe, à ne boire que très très peu d'eau ? Toutes les sources proches étaient encombrées de cadavres en putréfaction, des blessés qui étaient venus mourir au point d'eau !! Il fallait donc aller chercher l'eau très loin et combien peu en arrivait-il ! Le pain était immangeable, la moisisssure verte des boules avait donné la dyssenterie aux 3/4 des hommes. Pas de feuillées naturellement. Les cadavres, tout le reste, donnaient à l'air de la Chipotte, une odeur de cimetière bouleversé, de charnier labouré par les griffes des bêtes. Cauchemar, horrible cauchemar ! que l'on n'éprouvait pas dans l'ardeur de la mêlée, mais que l'on avait dans l'esprit bien plus fortement lorsque la détente bien connue amollissait la volonté tenace de tenir coûte que coûte dans ce coin infernal !! Triste nuit que celle du 3 au 4 septembre !!

JOURNEE DU 4 SEPTEMBRE 1914.

COLONIAUX. — *S'établissent solidement à Larifontaine et au Haut-des-Chênes. Ils tiennent les lisières des bois face au nord-ouest et au nord. Saint-Benoit est sous le feu de leurs mitrailleuses. L'artillerie ennemie s'acharne sur Larifontaine et le Haut-des-Chênes.*

INFANTERIE ALPINE. — *Le 163e est venu boucher l'étranglement de la hernie, il a à sa gauche les coloniaux, à sa droite le 97e. Ces deux régiments tiennent la rive gauche du ravin de Corhé depuis l'étang de Clairegoutte et plus à l'est. Le 159e est attaqué violemment au Chilimont, le 97e au Haut-du-Bois. Les Allemands sont repoussés avec de grosses pertes.*

INFANTERIE VOSGIENNE. — *En marche vers le sud.*

CHASSEURS. — *A 5 h. 30 les chasseurs dégagent la position au sud du Col sans que l'ennemi s'en aperçoive et sans qu'il tire un coup de fusil. Nous étions arrivés en colonne par 1, départ colonne par 1 dans l'ordre 3e, 10e, 31e, 1er, presque en même temps les chasseurs de la 13e D. I. restant en protection du flanc droit se dégagent aussi, l'ennemi perd complètement le contact.*

La journée du 4 septembre voit donc la fin du drame qui se joue depuis onze jours sur cette position.

La Chipotte n'est plus. Pendant 8 jours elle restera allemande. L'ennemi l'abandonnera sans être poursuivi à son tour. Les actes du drame avaient mené une action trop palpitante, le rideau se baisse sans soulever la moindre émotion.

Il y eut néanmoins dans les cœurs un léger frisson lorsqu'on apprit dans l'extrême matinée du 4 que la retraite allait commencer incessamment. Serait-elle pénible ? serait-elle dangereuse ? serait-ce même la catastrophe redoutée ? Le plus grand silence est ordonné, jamais ordre ne fut mieux compris. L'Allemand était plus que calme, mais n'oublions pas que nous n'étions pas à plus de 150 mètres les uns des autres !! colonne par 1 sur la mousse. Pourvu que les chevaux ne hennissent pas ? Tout se passe remarquablement bien. Les survivants de 7e bataillon de chasseurs se dégagent sans qu'une seule sentinelle ennemie ne donne l'alarme. Miracle ou alors abrutissement complet de l'adversaire !... Bien plus, mon sous-lieutenant Besson avait été envoyé, ainsi que sa section, à 4 heures du matin, se mettre en liaison avec toute notre droite, sur une profondeur de 3 kilomètres. Le commandement n'avait pu le prévenir de notre départ puisqu'il l'ignorait officiellement. Où était-il au moment du décrochage ?

Besson revint donc à la Chipotte une heure après l'évacuation totale. Vous jugez de sa stupéfaction lorsqu'il découvrit le désert là où il y avait 3 heures auparavant 4 bataillons de chasseurs ; mais stupéfaction bien plus grande encore en constatant que l'ennemi n'avait même pas envoyé une patrouille, que pas un coup de fusil n'était tiré sur lui.

Il comprit néanmoins qu'il était correct de ne pas essayer de sonder le mystère. A midi il retrouvait la colonne, tout bouleversé encore par son aventure du matin.

Nous faisons la Grande Halte entre Fraipertuis et Housseras. Les chasseurs du 21e C. A. étaient sauvés.

Constatation bien curieuse à faire : Les positions allemandes de la Chipotte restèrent les mêmes. Pourquoi ? Il faudrait connaître les intentions du Commandement allemand ; il est probable que les troupes de réserve qui avaient remplacé les corps actifs, impressionnées par le nombre de cadavres qu'elles eurent à enterrer, n'éprouvèrent nullement le besoin d'engager à nouveau la lutte plus au sud. Le 6, une reconnaissance de 2 compagnies du 157e R. I. se rend dans l'ancienne position française. Rien n'a bougé. les Allemands sont toujours exactement aux mêmes points que le 3 à 19 h. 30. Comme je vous l'ai déjà dit : le 13, la Chipotte redevenait française.

Les combats de la Chipotte rentraient, non dans l'histoire, mais dans la légende. Il n'y a en effet que cinq autres points du front ou une pareille somme d'héroïsme a été dépensée. L'Hartmanswillerskopf, le Linge, les Eparges, le Bois en Hache à N.-D. de Lorette et Dixmude. Verdun, tout Verdun qu'il est, a été infiniment moins meurtrier que ces 6 calvaires glorieux !! Puisse un véritable historien raconter longuement aux générations futures, l'héroïsme Français dans la bataille Ménil-La Chipotte.

DEUXIÈME PARTIE

Quelle idée pouvons-nous nous faire, après cet exposé, du rôle du commandement, de sa conception de manœuvre ?

Y a-t-il « unité » dans le temps et dans l'espace ?

Le 26 août, le Général Dubail écrit : Ordre n° 45 de la 1re Armée : « Continuation de l'offensive, qu'il faut entretenir à tout prix et avec la « dernière énergie pour durer et gagner du temps nécessaire à nos succès « par ailleurs. »

Le général Tabouis commente cet ordre en ces termes : « Le Général « Dubail, Commandant la 1re Armée, appliquant la vraie doctrine de « guerre, attaquait sans relâche. Cette opiniâtreté fut peut être très coû- « teuse, mais elle fut victorieuse. L'ennemi ne put sortir des bois, ni « descendre sur la Mortagne. Vers la mi-septembre il recule même jus- « qu'au point où il fut fixé jusqu'à l'Armistice. Le 30 août en particulier, « il s'agissait de fermer la digue et pour se défendre, d'attaquer. »

Mais les Allemands eux aussi donnaient l'ordre d'attaquer, l'offensive à outrance. Les deux attaques vont se heurter l'une à l'autre. Posons en quelques lignes très simples, le résultat de l'application des ordres généraux donnés et des conditions psychologiques des exécutants. Il découlera comme vous vous en rendrez facilement compte de l'étude détaillée que nous venons de faire.

1re Période. — Période Rouge. — Nous ne nous sommes pas ressaisis complètement de notre échec de Sarrebourg. La retraite a désorganisé les unités et les Divisions. La borne que l'ennemi ne doit pas dépasser n'a pas été indiquée, tout au moins les Etats-Majors ne l'ont pas communiquée. L'ennemi attaque, il triomphe, conscient de sa supériorité numérique, de son matériel innombrable, de son organisation méthodique, de la discipline scrupuleuse de tous ses éléments.

Que pouvons-nous faire ? Nous défendre d'abord, uniquement nous défendre par le feu et le mouvement. Que met-on en ligne ? ces admirables régiments d'infanterie des Vosges et des Alpes, endurants, tenaces, de par la vie qu'ils mènent dans leur rude pays ; accoutumés à la souffrance ou tout au moins aux privations ; ils ont l'habitude de dompter leur physique, de commander à leurs muscles, à leurs nerfs. Parfaits donc pour supporter stoïquement l'attaque sans se décourager une seconde, pour disputer le terrain morceau par morceau, pied à pied et même pour contre-attaquer sans relâche.

De plus après Sarrebourg, notre aile gauche et le centre en conséquence, ont cédé plus vite que l'aile droite, l'Allemand sera donc tenté de poursuivre plus âprement par sa droite et par son centre. Ceci est tellement naturel qu'il n'est pas nécessaire de rechercher les ordres du Haut Commandement pour en être convaincu. En outre, que voyons-nous sur la carte, un étranglement de la forêt dangereuse et nuisible à l'énorme artillerie allemande ; étranglement qui mène à Ménil-Sainte-Barbe. Et comme troisième observation : un observatoire parfait sur les hauteurs nord-est de Sainte-Barbe, côte 382.

L'axe de la bataille allemande va donc être dirigé sur Ménil-Sainte-Barbe, puis, s'il y a résistance sur le cheminement qui permet de contourner à couvert par le sud, l'obstacle, c'est-à-dire : dépôt de Merrain et la partie Est de la tranchée d'Hertemeuche.

Ceci nous explique clairement, il me semble, la première partie de la bataille Ménil-La Chipotte, attaques réitérées et violentes en direction de Ménil et de la tranchée d'Hertemeuche ; coups de sonde sur la Chipotte avec l'idée de protéger en même temps le flanc gauche de l'attaque principale, bombardements très violents dans le secteur de Doncières-Larifontaine, vu parfaitement de 382.

La stabilisation se fait à peu près dans cette région.

A ce moment précis, le 14e C. A. est violemment attaqué à son tour et cède.

Le Commandement français en conclut que le nœud de l'action, va être incessamment la Chipotte ; pas une minute d'hésitation, il faut à tout prix conserver la Chipotte : Faut-il y subir passivement l'attaque en masse ?... à aucun prix. Les bataillons de chasseurs, troupes d'attaque par définition ont été tenus en réserve, ont très peu souffert pendant quatre jours, ont eu le temps de se reconstituer, de souffler.

Les chasseurs vont donc attaquer, attaque à grande envergure ou tout au moins menée avec la plus entière idée de sacrifice, c'est la contre-offensive ordonnée par M. le Général Dubail.

Période Bleue. — Combats des 30 et 31 août, qui, à mon avis inquiètent énormément le commandemand allemand. Se peut-il, qu'après un mois de fatigues déprimantes au possible, et d'insuccès démoralisants, il se trouve suffisamment de troupes de choc pour tenter un pareil coup d'audace. Coup d'audace renouvelé par l'Infanterie Alpine, le 1er septembre.

L'Allemand est bien obligé de se défendre, cela sur un point essentiel de sa ligne, point qu'il considérait certainement à ce moment-là, comme devant être le pivot de départ de sa future marche offensive sur Rambervillers et Charmes !

L'Allemand furieux réagit, de plus ses armées victorieuses descendent sur Paris et la Marne. Il faut tout bousculer, anéantir le Français. Toujours, avec la méthode qui dirige toutes ses actions, il réagit de plus en plus violemment du nord-ouest au sud-est, et cela nous explique ses offensives du 1er septembre au soir, du 2, du 3 septembre.

Celle du 3 lui procure un succès indéniable. A force de sacrifices, il finit par conquérir la partie Est de la tranchée d'Hertemouche, les lisières de Saint-Benoit, la sortie ouest du Ravin de Corhé, mais — il y a mais, comme toujours — il n'a pu gagner 20 mètres à la Chipotte même. A droite, il a conquis au prix du sang non seulement Saint-Remy, mais La

Salle et Basses-Pierres, même La Bourgonce, mais le Haut-du-Bois et surtout la Passée-du-Renard ont vu son élan se briser et les vagues successives sont venues mourir aux pieds de ces deux falaises infranchissables.

La Chipotte est encerclée — La Chipotte tombera — La Chipotte ne peut plus être tenue.... oui certes, mais l'Allemand est à son tour tellement abattu, tellement fatigué, physiquement et moralement que dans la matinée du 4, 7 bataillons de Chasseurs pourront se dégager par un couloir de 15 à 1800 mètres de large et 3 kilomètres de longueur, sans qu'il s'en aperçoive, sans qu'il poursuive, sans qu'il saisisse cette occasion unique dans toute la guerre, de boucler complètement sept unités d'élite d'un des meilleurs corps d'armée français. Bien plus, deux heures après le décrochage, il ne s'en sera même pas aperçu encore. Rappelez-vous l'histoire de ma section Besson. Que s'est-il passé à la Chipotte, du 4 au 10 ? je l'ignore, je n'ai pu trouver nulle part trace de nouvelles positions allemandes. Les Allemands ont-ils seulement avancé l'emplacement de leur première ligne ? je suis certain que non, parce que je peux maintenant affirmer que l'effort énorme du 3 septembre les a totalement épuisés. Ils sont pourtant en pleine victoire, rappelez-vous ce qui se passe le 3 aux bords de la Marne ! Lorsque le souffle leur est revenu, il était trop tard, la Bataille de la Marne était livrée et gagnée par nous. Il leur fallait immédiatement rétrécir leur front, d'où la retraite précipitée qui a commencé en certains points, le 9 au soir et qui était générale dans cette partie des Vosges, à partir du 12 septembre.

Le 10, l'ordre du jour du Général Joffre au Général Dubail semble clore la bataille qui s'est éteinte progressivement depuis le 4.

« Depuis près d'un mois votre armée combat presque journellement, « montrant des qualités remarquables d'endurance, de ténacité, de bra- « voure. Vous avez su vous-même insuffler à tous, l'énergie dont vous « êtes animé. Malgré les prélèvements importants qui ont été successive- « ment opérés sur vos forces, vous avez su maintenir l'ennemi, et vos « troupes ont compensé la diminution de leurs effectifs par une activité « toujours croissante. Je tiens à vous témoigner, à vous et à la première « armée, toute ma satisfaction pour le résultat obtenu. »

Le Général Dubail, écrit, à la suite de cet ordre du jour, dans son journal de marche, à la même date :

« J'avais pour mes hommes, la plus vive affection. Cette affection se « double aujourd'hui d'une admiration sans réserve. Tout mouvement de « retraite nous est interdit. Il faut tomber sur place plutôt que de reculer. « Et Chefs et Soldats ont tenu et tiendront, étonnant le monde par cette « magnifique endurance, par ce stoïcisme qu'on se refusait généralement « à reconnaître au Français simple et léger. »

La Chipotte n'est-elle donc pas une victoire, ou mieux les combats Ménil, la Chipotte ne sont-ils pas une victoire ? La jolie bataille, qui s'est livrée là pendant 11 jours, mérite d'être connue au même titre que beaucoup d'autres. En tout cas c'est la bataille à la Française, au fusil et à l'arme blanche. La baïonnette n'a jamais cessé d'être au bout du canon. pendant ces 11 jours, ne l'oublions pas !! La sinistre artillerie, l'artillerie sournoise, abrutissante et vraiment trop bruyante, n'a joué qu'un rôle insignifiant dans les forêts de Sainte-Barbe et de Saint-Benoit. Ménil, la Chipotte sont le triomphe du mariage imaginé par Vauban et tout à fait heureux, ma foi, sur les marches Lorraines et aux confins d'Alsace, du Fusil et de Rosalie ! Ailleurs, les marmites, les chars d'assaut, les gaz gagneront des palmes, cela aura plus d'envergure, les Etats-Majors en auront plus de mérite, c'est possible, les communiqués s'en ressentiront, la presse sera aiguillée, c'est logique et humain, mais qu'il soit permis à un Chasseur du rang de proclamer que jamais victoire ne fut davantage gagnée avec les armes naturelles de tout guerrier qui se respecte, le mousquet et la pique, ou si vous préférez, la balle et la baïonnette !

ENSEIGNEMENTS TACTIQUES

Quels enseignements pourrons-nous tirer de l'étude des combats de la Chipotte ?

Effectivement rien ne sert de discourir sur les faits de guerre, si un enseignement tactique n'est pas donné en conséquence.

Le règlement nous avertit très sagement que l'attaque sous bois est difficile à conduire, la progression est lente, surtout dans les taillis fourrés, les erreurs de direction fréquentes et susceptibles d'entraîner la confusion, et le mélange des unités. L'infanterie doit donc profiter de toutes les occasions où elle peut s'exercer aux évolutions et aux combats sous bois. Il faut que les petites unités les apprennent souvent et les grandes unités doivent s'y exercer annuellement.

Le 30 et le 31, ne l'oublions pas, ont combattu après avoir évolué dans un espace restreint et uniquement sous bois, 2 régiments Coloniaux, 2 régiments d'Infanterie Alpine, 7 bataillons de Chasseurs, 2 bataillons de Chasseurs de réserve. La division doit donc pouvoir évoluer sous bois avec son infanterie.

Certaines règles peuvent être données, il ne faut s'en écarter que le moins possible, on court sans cela à une catastrophe.

Premier principe

La compagnie est la base des formations à adopter sous bois, je veux dire par là, la cellule de combat, est la compagnie.

L'attaque se fait avec X compagnies, et non comme en terrain libre avec X bataillons.

Formation de la Compagnie

a) Dans les bois de haute futaie, bois de sapins d'au moins 20 mètres, bois de pins d'au moins 10 mètres : colonne double de sections, intervalle entre les groupes permettant un déploiement de 1 à 2 mètres entre les hommes, distances à vue, mais au maximum 100 mètres. Dans le cadre de la Section, ligne de groupes par 1, équipes de G. V. en tête avec éclaireur de terrain en avant, équipes de F. M. à 40 mètres de distance au maximum. Gardes de flanc fournies par un groupe à droite, un groupe à gauche, pris dans les sections de renfort. Un petit détachement déployé en arrière de la compagnie, détachement formé par des soldats d'élite, et des gradés sûrs, une douzaine, destinés à rameuter tout ce qui traîne ou ce qui se perd ou ce qui cherche à se perdre.

b) Bois fourré, bois taillis, bois de jeunes sapins ou de jeunes pins, même formation, mais les équipes de F. M. ne sont pas échelonnées dans le cadre du groupe et dans celui de la section, le groupe ne forme qu'une seule colonne par 1, G. V. en tête, 2 éclaireurs de terrain par groupe, en avant, mais très près, pour frayer le passage.

Si plusieurs bataillons, ou même plusieurs régiments fournissent X compagnies d'attaque, il doit y avoir aux limites de zônes où les numéros changent, quels que soient les intervalles, des détachements mixtes de liaison commandés par un officier en lequel on peut avoir confiance.

N'oublions pas ce mot, qui, sous bois plus que partout ailleurs, contient le secret d'une grande partie du succès : liaison, liaison, et encore liaison

Outre les gardes flanc, formés par un groupe, comme je l'ai indiqué plus haut, des flancs-gardes sont nécessaires, indispensables même. C'est l'affaire du Commandement Supérieur de l'attaque dans le cas où l'effectif de plusieurs bataillons participe à l'opération.

Jalonneurs dans le sens de la profondeur entre les compagnies de 1er et de 2e échelon, entre ces dernières et les compagnies réservées. Les compagnies de 2e échelon et réservées ont exactement la même formation que celles du 1er échelon. Ces jalonneurs de profondeur forment une petite colonne ininterrompue, distantes à vue. Différence de tenue ou signe distinctif très apparent pour ces derniers, ceci est à communiquer dans l'ordre d'attaque.

Marche lente en tête avec l'Officier chargé de la direction pour les compagnies portant le même numéro de régiment, 2 jalonneurs de distance au pas et 3 jalonneurs de direction marchent avec l'Officier chargé de la direction. Ils sont absolument indépendants des éclaireurs de terrain qui marchent pour le compte unique de leur groupe.

Il faut convenir que l'on s'arrêtera cinq minutes toutes les 20 minutes et aussitôt recherche de la liaison et comptes-rendus de liaison.

Les montres doivent être réglées avant le départ. Celui-ci doit toujours se faire à une heure H très nette H, ou H + 30.

La direction ne peut être prise qu'à la boussole, boussole directrice pour l'Officier orienteur, boussole ordinaire d'Infanterie pour les orienteurs de chaque compagnie, ceux-ci dépendant sans cesse de l'Officier orienteur responsable. Corrections à faire pendant les arrêts de cinq minutes prescrits. Donner en conséquence l'angle de marche, déclinaison comprise, dans l'ordre d'attaque.

Le soleil, lorsqu'il brille, peut servir, de même, l'étoile polaire, mais dans n'importe quel cas, la boussole doit être l'instrument type de direction sous bois.

Le silence est la qualité essentielle d'une marche sous bois, le plus grand silence, silence absolu : le bruit causé par les feuilles sèches et les brindilles mortes est bien suffisant pour déceler l'avance d'une troupe importante. Pas de Commandements, pas d'observations, pas de sifflets.

Deuxième principe

On a toujours intérêt à brusquer l'attaque pour aborder l'ennemi à la baïonnette. Défense absolue aux éclaireurs de terrain, et aux jalonneurs au pas ou de direction, de tirer individuellement.

Les petites colonnes sont maintenues jusqu'à l'extrême limite. Lorsqu'on est déployé en tirailleurs, il est impossible, vous entendez bien, impossible, que le feu ait été oui ou non ouvert, mais à plus forte raison s'il a été ouvert, même par d'autres unités voisines, de faire plus de 50 mètres sous bois dans la bonne direction ; immédiatement *tournoiement*. La compagnie, les sections de premier échelon si vous préférez, se transforment en moins de trente secondes en toupies, elles se font amocher en pures perte, elles sont perdues et elles perdent les camarades.

Messieurs vous avez là tout le secret de l'insuccès du 30 août, toute la matinée s'est passée en tournoiements insensés, surtout sur les ailes.

De toutes façons, lorsqu'on rentre dans un bois, la baïonnette doit être mise au bout du canon, c'est la seule manière de ne pas la perdre, mais encore faut-il l'attacher très solidement avec un lacet ou avec la ficelle de fusil, car, si le feu vient à être ouvert, avec l'échauffement du tir, la baïonnette partira avec une balle à 5 ou 6 mètres en avant ; pour aller la chercher, c'est quelquefois gênant.

Le feu n'est ouvert dans les bois que si celui-ci est assez clair pour y voir à 100 mètres.

La discipline du feu doit être absolue ; si possible et le plus longtemps possible, feu par *rafales* accompagnant le tir du F. M. par groupe, puis et surtout : feu à volonté. Dans la défensive toujours feu au Commandement, même dans les moments les plus critiques, feu par groupe, toujours question de discipline et de remise en main. Dans la période extra-tendue, et lorsqu'on est au contact très rapproché, lorsque le moindre bond de l'ennemi peut amener l'envahissement de la position, il convient de faire un feu continu, par équipes successives et alternées du F. M. et de G. V.

C'est l'emploi de ce système qui nous a permis, le 3 septembre 1914, pendant 11 heures, de briser toutes les tentatives d'attaques allemandes. Naturellement la consommation des munitions est énorme, mais il y a des organes auprès du Chef de Corps qui doivent avoir comme unique préoccupation, le ravitaillement.

La lutte par le feu fait dans les bois un bruit infernal, les pertes y sont effrayantes, la lutte à la baïonnette doit être le désir ardent et incessant de tous les gradés et de tous les hommes.

Mais (il y a un mais encore une fois), lorsque l'assaut est déclanché, les groupes ou même les sections doivent rester groupés autour de leurs Chefs, les F. M. légèrement en arrière avec leur unique premier pourvoyeur, si non la mêlée, pire que le tournoiement bien connu, dont il a été déjà parlé, va se produire, la direction sera à jamais perdue, la liaison n'existera plus ; ce sera peut-être un succès momentané et partiel, dans un quart d'heure ce sera une catastrophe.

Nécessité absolue de ne pas pousser à l'infini l'assaut ; de ne pas le relancer si le contact a été perdu ; la discipline doit exister même dans la recherche du corps à corps. Une troupe capable de mener *raisonnablement* une offensive sous bois, est la première troupe du Monde ; on doit chercher par tous les moyens à parvenir à cette perfection. Aussitôt que les chefs s'aperçoivent que les hommes commencent à courir de droite et de gauche, ou qu'ils courent dans le vide droit devant eux, n'avoir qu'une préoccupation, réunir le plus grand nombre possible d'hommes et former des noyaux de manœuvre, de petits centres de résistance ou des nids offensifs. Laisser diminuer les pulsations du cœur et repartir aussitôt après s'être aiguillé à nouveau.

Lorsque le feu est ouvert, rassemblement au clairon, c'est parfait dans les bois, avec les refrains ou les indicatifs des corps. Je m'en suis toujours personnellement très bien trouvé (Thiaville. la Chipotte, Bois de Bouvigny). Dans le cadre de la section, rassemblements au sifflet, mais le sifflet strident et non le sifflet de bazar.

Je le répète ; dans les bois, la lutte est affolante de bruits assourdissants, causés par les départs et les arrivées de projectiles.

Je ne suis pas du tout de l'avis de l'ancien règlement de 1914 qui disait: « On profitera de tous les chemins, sentiers, pistes, pour marcher vivement de l'avant en talonnant les défenseurs, et en les empêchant de s'installer sur de nouvelles positions. » Ces phrases étaient la conséquence de manœuvres rapides ou de Kriegspiel, trop savants. Si ce que le règlement recommande se produit, 9 fois sur 10 les troupes qui auront été arrêtées pour une raison ou pour une autre, ou qui même croiront être arrêtées par un ennemi en force, tireront dans le dos ou dans les flancs de celles qui auraient couru ainsi en avant.

Que le 21e R. I. établisse les pertes qu'il a subies du fait des balles françaises dans la soirée du 26 août !...

La fusillade une fois déclanchée dans le combat sous bois, attire la fusillade, même si on ne voit rien. Du reste on a toujours la sensation de la lutte très rapprochée, les balles ennemies en atteignant les gros arbres situés à proximité, produisent un bruit analogue à un coup de revolver, d'où la fameuse légende des balles explosibles : il y a aussi les balles retournées, les balles mâchées, employées couramment dans les deux camps à la Chipotte, et sur lesquelles je ne veux pas m'étendre pour ne pas faire de peine aux bons diplomates, auteurs des conventions de La Haye. Ce qu'il y a de certain, c'est que les balles retournées ou mâchées, claquent encore plus violemment. La troupe qui reçoit des balles claquant ainsi, s'imagine qu'on lui tire à distance très rapprochée, et ouvre le feu : un fusil part, dix fusils partent, 100 fusils partent, d'où terrible danger pour les éléments qui auraient progressé d'une façon inconsidérée en avant. Mon opinion de Chef est formelle. Dans les bois où l'on ne voit rien, il faut avoir le souci de l'alignement entre les différents éléments de la 1re ligne, ou si vous préférez, il faut que le synchronisme des zigs-zags de l'alignement soit court. Il ne peut en être autrement que dans les grandes clairières.

Si les sentes, haies, pistes, sentiers peuvent servir, cela ne peut être que pour les liaisons entre les différentes compagnies ou entre les différents corps. Ceci même doit être une règle absolue.

Eviter d'engager les troupes dans les grandes avenues des bois, car l'ennemi dirigera ses percutants sur les grandes artères marquées sur les cartes et rien n'est dangereux comme les percutants qui éclatent en touchant les grands arbres, les brisent avec fracas et projettent leurs propres éclats avec le maximum de rendement, étant donnée la hauteur où ils se sont produits.

La lutte se poursuit ainsi, mais bientôt les unités de premier échelon ne peuvent plus progresser, la fatigue étant extrême, fatigue causée surtout par le bruit ; beaucoup de baïonnettes aussi sont inutilisables. Le règlement parle de l'ordre rétabli. Celui-ci ne peut l'être que si les unités, désorganisées ou à bout, sont dépassées par des unités non engagées encore.

Il est indispensable en effet, je le répète, pour un Commandant de Compagnie de se soucier de rétablir l'ordre, avant de poursuivre une nouvelle attaque, ou avant de renouveler la même attaque non réussie. Un passage de lignes par Compagnie résout la difficulté.

Le combat se continue jusqu'à ce que le but fixé soit atteint, ordinairement une lisière opposée, ou si le bois est très profond, jusqu'à une clairière indiquée dans l'ordre, ou mieux, à une belle coupure transversale.

On occupe avec ce qui vous reste, surtout avec les F. M., gardés précieusement un peu en arrière pendant l'assaut, on occupe, dis-je, l'objectif atteint et on aide seulement alors, si possible, et si le terrain s'y prête, les unités voisines en retard en fournissant quelques feux de flanc sur les troupes ennemies qui les arrêtent.

Troisième principe

Dans l'offensive sous bois, les armes automatiques F. M. doivent être réservées, elles suivent exactement leur groupe, mais il ne faut pas se priver du concours des aides pourvoyeurs de l'équipe du F. M., ceux-ci redeviennent G. V. et on ne garde avec le F. M. que le 1er pourvoyeur. Lorsque le feu est ouvert, il est alimenté par l'apport de 2 F. M., le 3e F. M., celui du 3e groupe de la section, est encore réservé le plus longtemps possible.

Les mitrailleuses, ordinairement employées dans le cadre de 3 compagnies de G. V., peuvent suivre les unités de premier échelon dans la proportion d'une section à 3 ou 4 pièces. Les 3 autres sections marchent à hauteur et derrière les unités de deuxième échelon.

Elles suivent de très près les laies, sentiers, routes se dirigeant dans le sens de l'attaque et sont établies toujours en profondeur, prêtes à balayer tout passage de l'ennemi sur ces mêmes laies, sentiers et routes. Ces 3 sections, constituent à elles seules l'échelonnement en profondeur du groupement de compagnies cellules d'attaque, les nécessités absolues du combat sous bois, exigeant que l'échelonnement en profondeur des compagnies de G. V. soit *très restreint.*

Ces 3 sections de mitrailleuses doivent avoir toute leur attention éveillée lorsqu'elles arrivent à une clairière. Le Commandant de la Compagnie de Mitrailleuses ne doit jamais lâcher une clairière, sans qu'il ait la certitude de la marche en avant de ses camarades G. V., à la lisière opposée de la clairière. De même pour les coupures perpendiculaires ou très fortement obliques à la direction de marche.

La section avancée de Mitrailleuses, avec ses 3 ou 4 pièces, suffira largement avec les F. M. des groupes de toute première ligne pour subvenir à toutes les nécessités immédiates qui se produiront dans la zône des compagnies premier échelon.

Au croisement des laies, sentiers, routes, aux pattes d'oies, aux étoiles que l'on rencontre toujours dans les grands bois, les pièces de 2 sections de mitrailleuses du groupement 2e échelon, marchant échelonnées en profondeur, s'établiront immédiatement pour battre éventuellement toutes les directions parallèles ou obliques à la direction générale de l'attaque.

Lorsque l'objectif est atteint, les sections de mitrailleuses se préparent, en s'échelonnant et en se flanquant si possible, à parer aux contre-attaques et aux retours offensifs certains. Echelonnement, à échelle réduite naturellement, vous le comprenez bien, nous ne sommes pas en terrain où la visibilité est grande ou infinie.

A hauteur de la dernière section de mitrailleuses marche un détachement de nettoyeurs, désigné par le Chef de Corps, ou le Chef de Bataillon commandant le groupement des compagnies 2e échelon. En effet, à Thiaville, dans la matinée du 25, deux sous-officiers Badois, chefs d'éclaireurs qui avaient simulé les blessés très graves lors de notre avance, nous fusillèrent dans le dos quelques chasseurs. Cet incident provoqua un très grand trouble dans nos lignes ; je donnais l'ordre au Sous-Lieutenant LIAUTAUD d'achever ces deux sous-officiers. Dans la même matinée, au même point, le Général Badois STENGER, commandant la Brigade, 112e-142e R.I. donna l'ordre d'achever tous les blessés français du 109e R.I. et 3e B.C. P. Cet ordre écrit fut retrouvé et communiqué à l'Ambassade de France, à Berne, en réponse à un démenti du Baron ROMBERG, Ministre d'Allemagne. Le texte en fut communiqué aussi officiellement par l'Ambassade de France, à Rome, au Gouvernement Italien. Il ne fallait pas que les Badois commencent à violer toutes les lois de la guerre, je m'étais occupé personnellement d'un des deux sous-officiers, il n'avait répondu que par des gémissements à mes questions posées en allemand, une minute après il tuait un de mes chasseurs de liaison.

Je reviens donc à la nécessité d'avoir un petit détachement de nettoyeurs qui désarmera minutieusement tous les blessés ennemis.

Quatrième principe

En ce qui concerne le combat défensif sous bois, les A. P. ne peuvent être que des A. P. en fin de combat. S'il y a des trous entre les différentes lignes de surveillance et par conséquent entre les différentes lignes principales, de résistance, le Commandement doit établir en certains points boisis de fortes flancs-gardes fixes et des troupes formant les courtines. Une liaison mobile régulière navette, commandée toujours par un officier et suivant un itinéraire jalonné par des patrouilles fixes (équipe ou groupe)) doit fonctionner entres les différents corps séparés par des zônes de plus ou moins grande étendue et non occupées. Cette liaison navette doit signaler par le feu, de même que les patrouilles fixes, tout incident. Si la liaison avait été établie de telle façon, le Chef de Bataillon LECOANET, du 97e R. I. n'aurait pas été blessé par une mitrailleuse allemande à la sortie de Saint-Benoit, sur la grande route, alors qu'à cheval, il se rendait au Bataillon de son régiment aux A. P. plus en avant et précisément surveillant cette même grande route. Il y avait donc quelque part un trou formidable. Cet incident, je pourrais vous le répéter vingt fois, pendant toute la période des combats, la liaison entre les différents corps aux A. P. ne fut jamais assurée d'une façon parfaite.

Aux points de passage du demi-arrière, de petites réserves doivent être établies, et de grosses réserves doivent être à demeure aux environs des villages ou aux abords immédiats de la lisière de la Forêt.

J'ai dit : avant-postes en fin de combat, ce qui ne veut pas dire, tout le monde en première ligne, dans le cadre de la compagnie, comme nous l'avons trop constaté hélas ! en 1914 et même en 1915. Mais la formation des G. C. et celle du Point d'appui, dans le cadre toujours de la compagnie, formation que nous avons tous présente à la mémoire pour un terrain de moyenne et de grande visibilité, n'est pas bonne sous les bois, l'échelle doit en être extrêmement réduite et la disposition de surveillance modifiée.

Je me permets de vous recommander, pour la défense sous bois, une ligne continue de tranchées avec de très nombreux flanquements ; sous bois, en effet, la vue ne s'étend pas suffisamment et tout se ressemble. Le terrain est le même à droite, à gauche, en avant et en arrière. Si donc vous employez sous bois la forme classique du G. C. et uniquement du G. C. 1918, il y aura forcément confusion. Aussitôt sortis en terrain libre, des tranchées constituant le G. C. classique en terrain découvert, l'équipe ou le groupe ne sauront plus où ils sont. Cet inconvénient est extrêmement grave ; avec le système de tranchées continue, il n'existe plus ou il est très diminué. J'ai dit, très nombreux flanquements dans le cadre de la compagnie, et entre les différentes compagnies de premier échelon, mais flanquements à petite échelle, c'est-à-dire, que chaque groupe de combat doit flanquer le ou les voisins à courte ou à très courte distance. Pour cela vous disposez de vos F. M.

Echelonnement en profondeur, pour la section renfort ou les deux sections renfort, à échelle très réduite.

La tranchée de soutien, ou la tranchée de soutien et la tranchée de doublement, puisque ce sont dans ces deux tranchées que sont établies les troupes de renfort du Capitaine, sont construites à courte distance, une centaine de mètres, 150 peut-être, de la tranchée principale, ou de résistance, qui a elle-même en avant, la tranchée de surveillance. Ces deux dernières, du reste, peuvent être confondues si les flanquements créés sont d'une certaine amplitude. Ce n'est plus du tout ce qui se passe en terrain découvert.

La contre-attaque sous bois doit, en effet, être instantanée et sur une distance très courte.

Cette nécessité principale entraîne toute la construction du système défensif ; de plus l'artillerie ne nous protège pas, et l'arme automatique a un champ très restreint. Le véritable échelonnement en profondeur est pris par les compagnies deuxième échelon, et surtout par les sections de Mitrailleuses avec leur petite garnison de G. V. La section avancée de M. est répartie dans les flanquements principaux de la tranchée de soutien (renfort du 1er échelon).

Outre cela, comme je l'ai déjà posé en principe dès le début, petites réserves et grosses réserves, c'est l'affaire du haut Commandement du secteur boisé.

Cinquième principe

La tranchée pour tireur à genou conduit à des catastrophes, avouons-le, il faut donc malgré les grandes difficultés, arriver même sous bois, à la tranchée pour tireur debout, et peu importe les racines importantes rencontrées ; il n'est pas nécessaire que la profondeur soit uniforme pour toute la tranchée. Tranchées extrêmement camouflées et fils de fer des 2 côtés de la tranchée, sauf naturellement de nombreuses chicanes du côté opposé à l'ennemi. La crainte qui existait en 1914 d'être constamment tourné, crainte qui a produit de si fâcheux incidents, ne se manifeste plus dans les cadres qui ont l'expérience de la guerre.

Elle est supprimée si les hommes et les gradés subalternes connaissent la continuité des différentes tranchées échelonnées et flanquées. On est dans la tranchée, on y reste, on tire des 2 parapets avant et arrière, on tire des pare-éclats ou des flanquements, mais on reste. On a une confiance absolue dans les contre-attaques des camarades tout proches, on a confiance dans les F. M. de flanquement, dans les M. échelonnées en profondeur à courte distance et toujours prêtes à se sacrifier entièrement pour le salut des G. V. Voilà Messieurs, ce que nous aurions pu faire, même avec notre armement uniforme de 1914. Je le répète, nous n'avions pas suffisamment l'habitude des évolutions et des manœuvres uniquement sous bois. Les grosses unités surtout n'avaient pas étudié les formes très particulières de leur action en zône uniquement boisée.

....

....

....

Quelques défauts caractéristiques de nos actions de 1914 doivent encore être relevées.

1°. — Le déplacement incessant pendant ces 11 jours de lutte des petites et des grosses réserves. Une troupe n'est jamais restée plus de 24 heures à la même place, d'où fatigue extrême. Larifontaine, Bru, Saint-Benoit, Housseras, Saint-Gorgon, Sainte-Hélène, Rambervillers, toutes les fermes de la plaine, ont vu pendant ces journées un défilé perpétuel d'unités réservées. Le bivouac sous bois est pourtant très agréable, pourquoi ne pas l'avoir employé : mais il faut observer scrupuleusement les prescriptions hygiéniques. Nous n'aurions jamais dû voir nos sources empoisonnées par les cadavres, nous n'aurions jamais dû vivre dans la saleté et l'odeur épouvantable des derniers jours.

2°. — Les avant-postes étaient bien pris, mais entre les différents corps, la liaison n'existait pas. Il y a eu constamment des trous énormes dans notre ligne. Rappelez-vous l'incident LECOANET, le 29, sur la route Saint-Benoit-La Chipotte, et l'incident plus caractéristique encore de la compagnie allemande, coupée le 26, signalée à plusieurs kilomètres au sud et qui parvient à rentrer dans ses lignes sans tirer un seul coup de fusil.

3°. — Ignorance complète des numéros des corps voisins, stupéfaction lorsque le 163ᵉ, dont nous n'avions jamais entendu parler, apparaît sur nos arrières. Méfiance immédiate chez les hommes. De même les Chasseurs d'Afrique, non signalés et que nos patrouilles et surtout nos sentinelles prennent pour des Autrichiens. Les deuxièmes bureaux devraient communiquer les numéros et si besoin est, les uniformes des camarades de combat.

Les fautes commises par les Allemands sont de même fertiles en enseignements.

1°. — Attaques en masse, sections par 4 ou groupes beaucoup trop serrés. Attaques lancées toujours après de nombreux coups de sonde et patrouilles nombreuses qui nous donnaient l'éveil. Certes, ils savaient où ils attaquaient, mais il n'y avait jamais surprise et leur formation si dense était insensée, d'où pertes extrêmement lourdes malgré notre pénurie de mitrailleuses. Le Ménil, la Chipotte ont coûté très cher à deux corps d'armée allemands, sans aucun bénéfice.

2°. — Pas de garde en arrière. Trous dans leur ligne, encore plus formidables que chez nous.

Exemple : Compagnie Duhoux, du 3ᵉ B. C. P. qui, le 2 au matin, traverse la route d'Etival à 1200 m. est du Col et arrive jusqu'à la route de Raon sans rencontrer personne. Autre exemple, du bataillon Martin, du 159ᵉ qui le 1er septembre, dans l'après-midi, traverse sans trop de difficultés tous les arrières boches et parvient lui aussi à la route de Raon.

3°. — Pas de surveillance, pas de recherche de contact. Exemple : Section Bosson, dans la matinée du 4 septembre.

A chaque instant du reste et sur différents points, le contact a été perdu pendant plusieurs heuers. Sauf à la Chipotte même, les Allemands n'ont pas tenu le contact. A la nuit, ils se retiraient purement et simplement très en arrière ; cela du reste, étonna beaucoup nos reconnaissances, d'où renseignements bien vagues et parfois faux. Certains jours d'arrêt, les détrousseurs de cadavres restèrent seuls sur le champ de bataille et de véritables parties de chasse purent s'organiser entre eux, d'où coups de fusil, alertes et surprises.

4°. — Les Allemands, il faut le reconnaître, se sont admirablement servis de leurs mitrailleuses, pour la conservation de leur position, il est vrai qu'ils en possédaient infiniment plus que nous. Leurs blockhaus étaient construits très rapidement, parfaitement camouflés et protégés, les mitrailleuses étaient donc très rapidement à l'abri, elles jouaient merveilleusement leur rôle de flanquement. Les Allemands ont tenu ainsi toutes les routes aboutissant à proximité de leur position centrale du Col.

Les tranchées étagées à l'est du Col, leur ont rendu aussi de très grands services. Leurs contre-attaques étaient rapides, brutales, et bien dirigées à courte distance.

ROLE DE L'ARTILLERIE ET DES DIFFÉRENTS ENGINS

1°. — L'artillerie n'a pu faire grand travail à la Chipotte même, vous vous en rendez facilement compte. Certes, les anciens combattants du Col peuvent raconter qu'ils ont reçu des fusants et pas mal de percutants dans l'axe de la route Saint-Benoit-la Chipotte, le ravin de Corhé a été pendant une journée très fortement marmité, mais en règle générale, l'artillerie a été employée à l'est de Saint-Benoit, dans le quadrilatère Sainte-Barbe, Bazien, Anglemont, Rambervillers, Jeanménil, St-Benoit.

La tranchée d'Hertemouche était le rendez-vous des marmites boches à hausse faible, les lisières est de Rambervillers, Larifontaine recevant les plus éloignées, je me souviens fort bien avoir assisté du haut des crêtes au nord de Noirinchatel, dans une éclaircie de sapins, à un bombardement des plus sérieux des environs d'Anglemont ! La terre en fumée et en poussière, le tonnerre grondant sans cesse ! Rien de pareil à la Chipotte !....

L'artillerie est venue jusqu'à la Chipotte : Les boches d'une part, les Français de l'autre, à 2 reprises ont amené des pièces de campagne, 77 ou 75, à proximité immédiate des lignes d'assaut, et ont tiré à bout portant, j'avoue que l'effet moral était grand ! Ces obus, arrivant de plein fouet, sans sifflement préalable et éclatant avec le fracas que vous devinez, impressionnaient les combattants malgré l'ardeur folle dont ils étaient animés.

Mais cela n'est pas de l'artillerie ; une section traînée à bras et qui recule plus vite qu'elle n'est venue, est un gros engin d'infanterie, employé momentanément pour impressionner, faucher une ligne. Il ne renouvelle pas trois fois son coup de surprise.

Cependant si l'artillerie peut arriver à prendre position dans une clairière lointaine et étendue, ou à la lisière par laquelle est rentrée son infanterie et tirer à gros obus percutants au milieu du bois censé occupé par l'ennemi, elle produira un très gros effet. Des 150, des 210 venant éclater sur de gros arbres produisent de l'effet, beaucoup d'effet moral et meurtrier !

La condition essentielle du tir de l'artillerie dans de pareilles conditions dans un bois occupé par ses propres troupes, est la passivité de ces mêmes troupes, en deça d'une ligne bien déterminée à l'avance. Ce sont des conditions qui peuvent être bonnes un jour, deux jours, mais qui ne peuvent durer, sauf bien entendu dans la guerre enterrée.

2°. — Quant aux engins d'infanterie actuels, canon de 37, Stocks. Jouhandeau-Deslandes, V. B., ils sont inutilisables sous bois ! Leur emploi ne peut être prévu qu'aux lisières des clairières importantes ou dans les larges avenues ou routes de la forêt. Seules les grenades peuvent être employées dans la défensive, grenades O. F. ou F. I. suivant le terrain, mais faites bien attention, avant l'emploi, à la direction du vent et à la sécheresse des feuilles et de la bruyère, à cause du terrible danger de l'incendie.

Je pourrais m'étendre maintenant sur certaines considérations relatives au ravitaillement, postes de secours, emplacement des chevaux de bât, des mulets, des chevaux de selle, convois. Beaucoup d'enseignements pourraient être tirés des nombreuses fautes commises à ce sujet dans les combats de Ménil-La Chipotte : Celles-ci d'ailleurs sont excusables, étant donnés les déplacements incessants, je ne saurais trop le répéter, de la majorité des corps engagés dans ces combats. Je préfère néanmoins vous laisser sur la seule impression d'un enseignement tactique se rapportant uniquement à notre métier de chaque jour. Cet enseignement, je me suis efforcé de le rendre le plus nouveau et le plus complet possible, il doit vous intéresser, il peut vous être utile !!!

TERMINAISON

Messieurs, j'en ai fini avec la Chipotte-Ménil tactiquement parlant, il me reste un devoir à remplir.

La première fois que je suis revenu à la Chipotte, sur cette terre que plus de 120 chasseurs de ma compagnie ont rougi de leur sang, j'étais avec ma femme.

A quelques jours près, c'était à la même époque en 1915 ; je n'ai pu parler tant était grande mon émotion. Nous nous sommes agenouillés, sur les tombes de mes petits chasseurs, là-bas sur la ligne du partage des eaux et nous avons prié ! Elle a emporté quelques fleurs dont la couleur et le parfum modestes étaient faits de leur chair... et c'est tout.

Aujourd'hui, je reviens ici officiellement. Je ne suis plus le Capitaine de Chasseurs, le seul grade passionnant de toute une carrière militaire, les années ont passé.

J'ai pu vous entretenir de nos efforts, de l'honneur que les Coloniaux, les Vosgiens, les Chasseurs, les Alpins, ont acquis surtout à la Chipotte, je pourrai donc parler à mes camarades qui sont là, sous cette belle mousse, à l'ombre de ces sapins immenses qui semblent vouloir garder à jamais bien cachés, sous leurs branches s'étalant comme des bras protecteurs, leur pure gloire de jeunes héros !

Mes amis, chasseurs, vosgiens, alpins, coloniaux, des paroles bien plus puissantes que la mienne se sont fait entendre déjà en grand nombre pour vous glorifier et vous donner la certitude que la France vous doit une éternelle reconnaissance. Vous avez écouté des généraux célèbres, des parlementaires, des académiciens, des préfets, des maires des grandes villes de vos régions d'origine. Jamais, je le crois, un des vôtres, un qui a tenu lui aussi le fusil, couché à vos côtés derrière le même petit talus de terre, ne vous a dit encore la parole du souvenir. Oui, mes amis de la Chipotte et de Ménil, vos anciens frères d'armes, le peu qu'il en reste, hélas ! gardent toujours pour vous le meilleur de leurs pensées. Ce n'est pas en vain que l'on a vécu ensemble un combat aussi beau, ce n'est pas en vain que pendant plusieurs jours, sans songer à rien d'autre, on a lutté contre l'ennemi qui se croyait vainqueur, de toute sa volonté, de toutes ses forces !

Lorsque nous nous retrouvons par hasard, nous les survivants de pareilles heures, nous ne parlons pas de Verdun, de la Somme, du chemin des Dames, de la Champagne, nous y avons trop souffert de l'avalanche de fer qui réduisait à pas grand chose, hélas ! notre capacité combative, notre pouvoir de lutte, nous parlons de Thiaville, de Ménil, de Sainte-Barbe, nous parlons de la Chipotte, car là, nous avons lutté avec ce qui est l'essence même du guerrier, et dans la vraie tenue du guerrier, poitrine découverte, manches retroussées, cheveux au vent !!

N'est-ce pas que nous aimions la balle ! n'est-ce pas que nous caressions doucement, comme une femme qu'on aime, la baïonnette fièrement dressée à nos côtés. Des trous pour se cacher, jamais ; des tranchées, des boyaux, le sol n'en voulait pas ! Les racines de nos amis, les grands sapins des Vosges, ne l'auraient pas permis ; ils voulaient voir notre héroïsme de Français de bonne race. Des abris provisoires ; oui, mais derrière lesquels nous étions toujours prêts à bondir ; des cartouches en tas, à notre droite, nos dents de loups furieux déchirant la ficelle et l'enveloppe des paquets et les fusils chauffant, et les fusils fumant !!!

Savez-vous que plus tard, ceux qui vous ont succédé dans la mêlée sur d'autres terres moins belles, n'ont presque pas tiré. Des bleuets des classes 1917 et 1918 sont partis du champ de bataille sans avoir pu tuer leur boche au fusil !!!

Pitié pour eux, n'est-ce pas ? ils ne connaissent pas l'immense joie de la bataille, viser son ennemi et le voir s'écrouler, les bras en croix !!! Et la charge !!! vous souvenez-vous de la charge de nos clairons ? vous souvenez-vous du clairon de ma compagnie, la cuisse fracassée et sonnant la charge étendu sur la mousse, jusqu'à ce que le sang répandu enlève le souffle à ses lèvres desséchées ? Vous souvenez-vous de nos fanions, de nos drapeaux déployés ? Vous souvenez-vous du Commandant FEVRE, le 26, tenant le drapeau du 21e R. I. ?

Et les boches aussi, de leur côté faisaient sonner leur charge ? leurs clairons mineurs, leurs fifres aigus, les avez-vous entendus ? Et même leur musique, leur Kapelle, à midi et demi, le 30, lorsqu'elle entraîna le drapeau de leur régiment, vous en souvenez-vous ? L'avez-vous vu aussi leur drapeau allemand, planté sur la tranchée de leur réduit central ?

N'est-ce pas que c'était beau, que c'était vraiment la lutte, la bataille, tout près, tout près, la griserie de la poudre, le cœur battant follement, la bouche grande ouverte criant n'importe quoi, lorsque dans nos rangs ou à côté de nous, nos cuivres et nos clairs tambours, lançaient l'appel du corps à corps !!! Oui, mes amis, vos frères d'armes se souviennent de vous, je vous en apporte aujourd'hui la preuve. Vous avez gagné la couronne du martyr, nous les survivants d'ici, nous avons gagné l'honneur tout court, mais cela vous suffit, nos âmes sont égales, nous nous comprenons à jamais ! nous sommes frères de sang aussi bien que frères d'armes !!!

Dormez en paix, amis ! N'ayez crainte de l'oubli qui, bien rapidement tombe sur tout, engloutit tout. Tant que nous serons vivants, nous parlerons de vous et nous saurons transmettre à nos descendants, le culte de votre souvenir !!!...

Commandant BEAUGIER.

Ancien Capitaine Commandant la 1re Compagnie, du 3e B. C. P.